NÓS NÃO SOMOS GAIJIN

「ワタシたちはガイジンじゃない!」

日系ブラジル人
「笑い」と「涙」30年の物語

NHK
「ワタシたちはガイジンじゃない!」
取材班

春陽堂書店

「ワタシたちはガイジンじゃない!」は、
二〇二一年二月一一日に放送したＮＨＫの番組です
（現在もインターネットで配信中）。

イッセー尾形さんが宮藤官九郎さんの脚本で、
日本に暮らす日系ブラジル人の
「笑い」と「涙」の一人芝居を演じました。

名古屋市の日系ブラジル人が数多く暮らす
団地のど真ん中にある公園で公開収録。
一〇〇人を超すお客さんが集まりました。

はじめに

学生の頃に読んだ忘れられない記事があります。英国の作家サマセット・モームのインタビューで、記者の質問は「何人が好きですか?」。モーム曰く「私はフランス人が嫌いだ。ドイツ人、アメリカ人、イタリア人、ロシア人、日本人……、皆嫌いだ」。あらゆる外国人が嫌いと断言され慌てる記者に、モームはひと言だけ付け加えました。「私は私の友だちが好きだ」。人は誰とでも友だちになれるし、国籍は関係ない。青臭いですが、この時覚えた感動が今回の番組のきっかけになったと感じています。

愛知県はブラジル人が日本で一番多く暮らす県で、その数約六万人。多くがかつてブラジルに渡った日本人の子孫、「日系ブラジル人」です。バブルの余韻が残る一九九〇年前後、貴重な労働力として来日しました。

取材で最初に訪ねたのが、収録場所となった公園のベンチです。そこで氷点下の寒空の夜、日系ブラジル人ホームレスの男性が支援

公園に設置した舞台。全四幕をここで演じ、メイク・衣装替えも観客の前で披露した

団体のスタッフの名刺を握り締めたまま亡くなっていたと聞き、その人生を思いました。彼は初めての団地暮らしや、働いていた工場で何を感じたのか。何に驚き、喜び、悲しみ、ブラジルの家族とはどうなってしまったのか。「フォレスト・ガンプ」じゃないですが、叶うことならその方の物語をこのベンチで聞いてみたいと思いました。

　再現ドラマという手法もあるんでしょうが、むしろその瞬間からもうイッセー尾形さんがベンチに座っていたとでもいいますか。愛情あふれた目線で市井の人々をコミカルかつシニカルに描く、イッセーさんならではの一人芝居で演じてもらいたい！　そしてその様子を日系ブラジル人の皆さんに見てもらいたい！　雷に打たれたように閃きました。日本から見て地球の裏側から来た皆さんに「日本」そして「日本人」はどのように見えたのか。それを知ることは、堅苦しい言葉でいうと「未来に向けた共生のヒント」があるのではと感じました。

　目指したのは「笑って・泣けて・考えさせられる」物語。脚本は、宮藤官九郎さんしか考えられず熱烈なオファーをした次第です。取材はそこから一年をかけ、名古屋市、豊田市、豊橋市、磐田市、大

取材を基に作り上げたのは、「笑って・泣けて・考えさせられる」物語。現場ではポルトガル語の同時通訳も行った

垣市、飯田市に住むブラジル人の方々一五〇人以上に話を聞き、団地でのアンケートに加え、facebookでもエピソードを募集しました。

収録当日はコロナ禍。しきりに「ディスタンス」という言葉が叫ばれていましたが、会場には一〇〇人を超すブラジル人と日本人が集まってくれました。自分たちの物語を、自分たちの思い出と共にご覧になった皆さん。泣きながら笑う姿を目にした時の感動は、モームのインタビュー記事を超えました。その時ばかりは「ディスタンス」どころか国籍も何もない瞬間だったことを、今も鮮明に覚えています。

今回この番組を形作った皆さんの貴重な体験談が一冊の本になり、これ以上の喜びはありません。改めて取材にご協力頂いた皆さんに感謝すると共に、たとえ国籍は違っても誰もが「ガイジン」ではなく同じ「ニンゲン」であることが、一人でも多くの皆さんに伝われば幸いです。

二〇二三年八月吉日

ディレクター　川上　剛

収録会場に集まったブラジル人と日本人の双方にイッセー尾形さんの一人芝居は大きな感動をもたらした

目次

はじめに …… 3

プロローグ「ワタシたちはガイジンじゃない!」脚本 宮藤官九郎 …… 11

#1 自治会長のホリイさん——1990年夏。九番団地、6号棟ゴミ収集所 …… 12

#2 生産ラインのカヨさん——1994年。九番団地、遊具周辺 …… 24

#3 現場監督のトシちゃん——2008年秋。九番団地、入口付近 …… 37

#4 日系ブラジル人のロベルト——2020年冬。九番団地、ベンチ …… 49

〔寄稿〕

宮藤官九郎 最高のエンターテイナーと作り上げた作品 …… 62

イッセー尾形 あの場でしかできなかった未体験のお芝居 …… 64

安藤玉恵 特別な場所で、日系ブラジル人の方々の歴史にもらい泣き …… 66

目次

第1章　労働 …… 69

船橋辰也ニルトンさん（五三歳）…… 70
母のため、サンパウロから日本へ …… 72
佐藤エリザ由佳さん（五五歳）…… 77
変わらない差別とカルチャーショック …… 79
アンジェロ・イシさん（五三歳）…… 83
人種を気にしすぎる日本人 …… 83
藤田パウロさん（七八歳）…… 84
日本人でも外国人？ …… 84
山川アリスさん（五〇歳）…… 85
残業をむしろ望む稼ぎたい私たち …… 86
伊藤コウジさん（四八歳）…… 87
見た目はガイジンさんでも、名前は日本人 …… 87
その他の証言集 …… 88
日本人の同僚は日系人をどう見ていたのか …… 90

第2章　生活 …… 91

林ロベルト重良さん（六六歳）…… 92
「助け合う」日本のイメージは過去？ …… 93
鈴木マリーナさん（六一歳）…… 95
日本とブラジルでズレる価値判断 …… 97
佐藤エリザ由佳さん（五五歳）…… 101
六畳一間に八人暮らし？ …… 102
船橋辰也ニルトンさん（五三歳）…… 104
宿舎の大家は独裁者？　差別との対立 …… 105
バエッサ・ルーカス・ヤマカワ・カズオさん（三〇歳）…… 107
ブラジル人だからこう、なんて当てはまらない …… 108
杉田友司さん（八三歳）…… 109
共有が難しいゴミ出しルール …… 110
村上保雄さん（六九歳）…… 112
ゴミ捨て問題 …… 113
自治会費の回収 …… 115
違法駐車の根絶 …… 116

その他の問題 117
宮川絹代さん（七六歳） 118
日本人でも日系ブラジル人でも、「捨てる人は捨てる」 119
団地や住まいをめぐる証言集 122

第3章 公衆電話 125

佐藤エリザ由佳さん（五五歳） 126
料金は高く、列も長くなる公衆電話 127
ジュニオール・マエダさん（四七歳） 129
高価な電話代の陰で流行する偽造テレカ 130
井上〝ロベルト〟健一さん（六九歳） 132
ブラジルの兄弟たちと過ごすあっという間な一時間 133
ヨウコのパパさん 134
遠いブラジルと繋いでくれる公衆電話 137

第4章 リーマンショック 141

ジュニオール・マエダさん（四七歳） 142
ホームレスか、帰国か――迫られる選択 142
船橋辰也ニルトンさん（五三歳） 142
再スタートの難しい「派遣切り」 142
その他リーマンショックの証言集 143
コロナ禍において 145
もう少し話をしたかった 川口祐有子さん（四七歳） 146
日本語が上手で友人の多かったフラビオさん――もう訪れない機会 148
ブラジルに家族を帰し、日本に一人残る選択 150
「ホームレス」と呼ぶ子供たちとの温度差 154

第5章 困難を乗り越えて …… 157

アレッシャンドレ・セルジオ・ダ・シルヴァさん（五五歳／東海アルマイト工場長）…… 158

空き巣被害で再来日し、工場長まで上り詰める …… 160

玉田エジソン正利さん（五〇歳／静岡県磐田市（株）アイ・ビーカンパニー代表取締役社長）…… 162

「フルサトへ行かないか」――祖父の思いを胸に …… 163

ロベルト・マルティンスさん（六一歳）…… 167

妻のため、同胞のため、打ち込んだ料理を仕事に …… 169

廣田道生さん（五八歳）…… 171

サッカー社会人チームで優勝し、
リーマンショックをきっかけに独立へ …… 174

佐藤エリザ由佳さん（五五歳）…… 177

良い人に巡り会えた幸運
――ふとん工場勤務から通訳者へ …… 178

船橋辰也ニルトンさん（五三歳）…… 179

日系人としての誇りを持って、意識改革を進める …… 183

おわりに …… 185

2019年12月22日　名古屋市　九番団地

プロローグ
「ワタシたちはガイジンじゃない!」

脚本　宮藤官九郎

＃1　自治会長のホリイさん――――1990年夏。九番団地、6号棟ゴミ収集所

朝、ゴミ収集車が去った後、金網フェンスの前にネックの折れたガットギターが捨てられている
他にも家電や家具など不法投棄ゴミ。
一角がブルーシートで覆われている。
自治会長のホリイさん、近所の主婦に囲まれ、しばし聞き役に回っていたが

ホリイ「一概には言えないでしょう、奥さん。うちの倅だってギター弾きますよ。ねえ。ニッケイさんの仕業とは、一概には言い切れませんよ。
…え？　捨てていくの見た？　ブラジル人だった。
本当に？　バーベキューの残骸？　…いやいや、
バーベキューは禁止したでしょずっと前に。ここに『バーベキュー禁止』って、でっかく書いたでっかい紙貼って…うん、すぐ剥がされたけど、理解したから剥がしたんじゃないの？」

ホリイ、ここで周囲の視線に気がついて

ホリイ「あっ、お騒がせしてすいません。

私は当九番団地6号棟の自治会長、ホリイと申します。

（笑顔で自治会長の腕章を誇示）

毎朝この時間、ゴミ収集所に立ってます。

なんでだと思います？　ゴミの分別がなってないから。皆さんの。

…いや、だから一概には言えませんよ。日本人にもタチ悪いのいますから。例えば日系ブラジ

毎朝、ゴミ収集所に立っているホリイさん

ル人が空きビン1本捨てて行くでしょ、それ見て『あ、いいんだ』と思った日本人が10本20本捨てて行くんですから。

うん…そりゃ…仰る通りですよ坂井さん。

出稼ぎの『ニッケイ』さんは出入りが激しいから、こうやって、ソファやテレビなんか、引っ越すたびに捨てて行く…」

と、そこへ日系ブラジル人が通りかかる
ホリイ、作り笑顔で「オイ」と挨拶してやり過ごし

ホリイ「もー、そういう目で見ないでよ、関さん！

坂井さんも！

だから日本人はフリオだって言われるの。フリオ。『冷たい』っていう意味。睨みつけたって何も変わりません。これからどんどん、どんどん来るんだよブラジルから、二世、三世が、出稼

ぎに。

この団地だけで、すでに１０００人近くいるんだから。しょうがないでしょ人手不足なんだから。相互理解。ね？」


新入り日系人ロベルトが、空きビンを大量に捨てに来た

ホリイ「オイ！　オイ！　Ｏｉ！…合ってるよね、挨拶『オイ』でＯｉ！　Ｏｉ！　Ｏｉ！　怒ってない怒ってない。

（笑顔で）…どうも、初めまして。

何棟？　何棟に住んでますか？　…トモダチ？

名前は？　…シンセキ？

ネーム？　ユア、ネーム？　…シンセキ？

ユーは…カルロス？　マリオ？　ペドロ？　…シンセキ？

いつ来ましたか？　日本に、あなた…トモダチ？
……さては『トモダチ』と『シンセキ』しか喋れないな。
日本、着いたばっかりか。
…ベルト？　ベルトしてるよ、ほら、ベルトがどうしたの。
…ロベルト？　ああ、名前？　ロベルトって言ったのか（笑）
自治会長のホリイです。
（笑）よく見たら、可愛い顔してるね。
ロベルトは、日本で稼いでどうすんの？　何が欲しい？　どれ？（指差す方向見て）
…軽トラック!?　…謙虚でいい！　すぐ買えるよ。ねえ。
（空きビンを捨てようとするので）
あーだめだめ、空きビンは今日じゃない、水曜

日。今日は火曜でしょう。プラスチック容器の日。持って帰って。テレビじゃなくて、ビン！　あ、いいところに来た！　おい！　おい！　カルロス」

古参の日系人ペドロが通りかかった

ホリイ「…あ、ペドロだ、ごめんごめん。夜勤明け？　…あっそ、なんか食べた？　…山菜そば。いいねえ。

彼、ロベルト、日本来たばっかみたいなの、訳してくれる？

空きビンは水曜日って」

ロベルトとペドロの会話を聞くホリイ

ホリイ「…なに？　置いといたら水曜日になるだろうって？

うわ一本取られた。でもそういう問題じゃないよ、ロベルト。

ルール。秩序。ご近所の目があるでしょ。訳して。

（ロベルト、キョロキョロし始めるので）

なに急にキョロキョロして、どこに目がある？

いや、世間の目ってのは…何個ある？　いや、そういう意味じゃなくて、誰が見てるか分からないって意味。訳して。

…ん？　だったら、皆さんが寝てから捨てに来る…ってそういう問題じゃないって。例外を認めたら秩序も何もあったもんじゃないよ。無法地帯よ。…分別、BUNBETSU、日本人は何より分別を重んじる民族です。詳しくは書いてあるから、ここに、ポルトガル語で。ほら。見て。テレビ、ソファ、電気ストーブ、アイロン、これみんな…一概には言えないけど、ニッケイさんが分別しないで捨てるから…。

え？　…欲しい？　どれ、テレビ？　全部!?

どうしよう関さん、全部欲しいって。…いいよねキレイになるんだから。いいって。持ってって。

リサイクルOK、ゴミショッピング、ペドロも手伝って、ほら。

…おお、キレイになった。あと、使えそうなものはねえ…」


ここで、初めて覆っていたブルーシートを剥がすホリイ　小さめの仏壇が現れる

ホリイ「なにこれ！　…ええ!?　誰が捨てたの、こんなの。

…5号棟の山路さん？　ああ、旦那さん亡くなって、奥さん老人ホーム入るからって息子夫婦が挨拶来たわ、昨日。

…でも捨ててく!?　仏壇だよ。

なにロベルト、え？　…もらっていいかって、これ!?

これはダメ、ダメ！（制する）

そんな悲しそうな目しないで、ロベルト。だいたい何に使うの。

これ、何だか分かってる？　…シンセキ？

うーん、親戚っていうより、ご先祖さまかな。

これはね、BU、TSU、DA、N、仏壇です。

ノーノー『ぶんべつ』じゃない『ぶつだん』

亡くなった人の、魂を、お盆に、迎えるための
…分からないか。

とにかく、そんな軽いノリで捨てたり、拾ったりしちゃいけない物なんです。お盆に山路さんの魂が遊びに来ても困るでしょ。

ゴミ収集所で捨てられた仏壇を発見するホリイさん

うちに使ってない電子レンジあるから…。

…これがいいって、なんでそんなに仏壇欲しがるかな！

霊が、守ってくれるって？ …いや、どうかなあ、山路さん知らないと思うよ、ロベルトのこと。守ってくれるかなあ。山路さん、そんな気さくな人じゃなかったけどなあ。

なんだって？ …捨ててもいけない、拾ってもいけない、どうして？ だから世間の目が…

ちょっと助けてよ、坂井さん。

え？ …自治会費払って下さいって…それは、ゴミの後にしません？ 話変わって来ちゃうから。

ペドロは払ってるよな？ …払ったことない。

なんで！

皆さん、これは由々しき問題ですよ。

ロベルトも聞いて、この団地に住む人は、日本人もブラジル人も自治会費を月々支払うことになってるんです。

…なんで？　団地の皆さんが快適に暮らすために出し合うお金。

例えばエレベーターの電気代、防犯パトロール車のガソリン代、防災グッズの購入費、夏祭りの開催費、敬老会の粗品代、この金網だって、これ自治会費で作ったんですよ。

…なに？　1階に住んでるからエレベーター乗らない？

…ああ言えば、こう言うだな、ロベルト。

乗らないから払わないって、坂井さん、どうしよう。

…払ってくれないとエレベーターの中まっ暗、

そう、坂井さんの言う通り！　真っ暗で乗れない。私7階だよ。この歳で7階まで階段で上ったり下りたりするんだよ、可哀相だと思わない？

なに？　7階住んでる人は自治会費も7倍なのか、それはかわいそうって、なんでそうなる！

参ったな。

…そうだ、この前、流しそうめんやったでしょ？　子供達と。あれも自治会費よ。…いなかったか、ロベルト。

ごめんなんでもない。

（ため息）流しそうめんに興味持っちゃった。流しそうめん。

…こう、長ぁい雨どいをベランダから駐車場に伸ばして、そうめん、ヌードルを流して…食べにくい？　食べにくいよ、なんでそんな事する？　なんでって…楽しいからよ。盛り上がったよね。

え？　…ホリイの食べ残しを流すのか？　違うよ！　食べ残しじゃない！　買って来て茹でた

流しそうめんの説明をするホリイさん

ヤツ。
ちょっと待って…なんか煙くない？」

1階のベランダから煙が上がっている

ホリイ「ちょっと何あれ！（遠くを指差す）7号棟の1階のベランダ！ …煙出てるじゃない！ 焼いてるよね、肉、間違いなくバーベキューだよね。誰よ！ あそこ誰の部屋？ …ロベルトの部屋⁉ なにやってんの…え？ 歓迎会って…ロベルトの⁉ NO!! バーベキュー、NO!! ベランダ！ 消して！ …ニッケイさん、何ですぐバーベキューしちゃうのかなー。…なに、ロベルト？（主婦達に）なんでいけないのって言ってます、関さん。

ベランダでバーベキューをする煙にいち早く反応するホリイさん

流しそうめんはＯＫなのに？　なぜバーベキューはダメかって？

…なぜですか？

煙いから。そう煙い。しかし、それ以上に…そう、うるっさい。

うるっさいから。流しそうめん静かですもんね。

関さん。うるっさいの。太鼓とか、ギターの音が。

ブラジル人、二人揃えばバーベキュー、三人揃えばサンバ。

何人いる？　四人、五人、六人、七人、多いな。

トモダチ？　シンセキ？　…一緒に住んでる⁉

ダメ‼　絶対…え？　なにロベルト。なんで８人で住んじゃいけないかって？

…なんでですか？　坂井さん…うるっさい。そう、うるさい。

…え？　助け合いって言ってますよロベルト、

うん、大事、助け合いの精神、家が無いなら泊めてやる、大事。分かる、どうですか坂井さん。

…うん。秩序も大事ですよね、みんながみんな8人で住み始めたら、無法地帯よ、ロベルト。

…うん？　ブラジルでは友達15人で住んでたって。関さん。

…うん？　届け出したのかって。ロベルト。

…うん？　ビザ持ってないのがいるから捕まるって、関さん。

…うん？　だったら通報します。

…もう直接喋って！」

放棄し、座り込むホリイ

ホリイ「なに？　(片言で繰り返す)『モシカシテ、ジチカイチョ、オコテル？』…怒ってるよ、ずいぶん前から！

でも…同時に、怒っても仕方ないとも思ってますよ。

寂しいんだろうねえ。地球の裏側から来てさ、工場で単純作業に明け暮れる日々でさ。我慢できないんでしょうね。バーベキューぐらいやらせてあげたいよ。本当は。

じゃあ、どうするって？

間とって、流しバーベキューやろうか（笑）

それは冗談だけど、ねえ関さん、坂井さん、どうだろ。

日本の風習やルールを一方的に押しつけるだけじゃなく、彼らの文化も取り入れてみませんか。ねえ。

例えば…恒例の夏祭り。今年はサンバタイムを設けるのはどうでしょう。ニッケイさんと親睦を深めましょう。

無礼講。分かんないか。なんでもあり！　ペドロ訳して。裸になって踊ろうが、バーベキューしようが、サッカーしようがお構いなし…あれ？　…怒ってる、どうしたロベルト。『ブラジル人、誰でもサンバ踊って、裸で大騒ぎするわけじゃない、そんなの偏見だ』って。待ってよロベルト！」

ロベルト、怒って去って行く

ホリイ「…行っちゃった。…あーあ、また企画倒れ。今度こそ仲良くできると思ったのに。（ため息）なぜ人は、手を取り合わないのか。なぜ、肌の色や言葉が違うだけで、争うことを止めないのか。なぜ人は…ん？」

ロベルトが仲間を連れて戻って来た

ホリイ「戻って来た。仲間連れて。え？　え？　なにロベルト、なんて言ってる？『日系人がブラジルで広めた盆踊りなら踊れる』そうなの!?『村では大会もあった』なんだよ、早く言ってよお！　シンセキ！　トモダチ！（と握手）」

音楽

ホリイ「え、なにロベルト？　…なんて言ってる？『ソンナニ怒ラナクテモ、アンタ、ガンバッテルヨ』ってロベルト…憎めないやつだな（笑）これが国際交流ですよ。ゴミの分別から生まれた、ゴミニケーションでしょう皆さん！」

ゴミニケーションでしょう皆さん！

＃2 生産ラインのカヨさん ——1994年。九番団地、遊具周辺

班長のカヨさん、白髪まじりのおばさん。

作業着だがキチンとした身なり、化粧もしている

カヨ「私は当工場の第三ライン6班班長、とうかいりんと書いて、東海林カヨと申します。今日はね、このラインに新人が来るの。

ロベルト、そう外人。…なに人って、それ聞いてどうするわけ？

ここは日本のド真ん中、尾張名古屋です。

日本には日本のルールがあるんです、班長として、どんな例外も認めないから…」

始業のベルがけたたましく鳴る

・・・・・・・・・・・・・・・・・・・・・・・・・・・・・・・・・・・・・・・

カヨ「集合！　みなさん集合！　まだ来てないの誰？　エレナ、急いで、あと10秒待ちます（早口で）１２３４５６７８９１０！

はいダメー！　遅刻〜。

じゃあ今日も安全コール！　構えて！（足を開き）

整理整頓！

…なにボサっとして、繰り返すの！　はい立って！　笑ってないで立ちなさい！　皆さんも、リピートアフターミーよ」

以下、観客を工員に見立てて号令

カヨ「整理整頓！」
観客「セイリセイトン！」

カヨ「キレイな職場！」

観客「キレイナショクバ！」

カヨ「品質向上！」

観客「ヒンシツコウジョウ！」

カヨ「効率アップ！」

観客「コウリツアップ！」

カヨ「今日もゼロ災で行くわよ、オー！　じゃあ作業始め！

あら…あんたがロベルト？　あらやだ、あららら、まあ、ねえ、おやおや、あそお。…なによ。

…舞い上がってないわよ！

…彫りの深い顔が好きなのは村上さんでしょ！

前出てロベルト。

日本来て何年？　…4年!?　あら、ベテランじゃない。

好きな日本の食べ物は？　…しんせき？　…嫌いな食べ物は？　ともだち？　…4年もいて、

観客と共に安全コールを復唱するカヨさん

日本語まだそのレベル。
うちはガイジンだからって特別扱いはしません。
ビシビシ行きますからそのつもりで！
じゃあ持ち場へついて。
ロベルトはこっちのライン。私が教える通りやってみて。
大丈夫、すぐ覚えられるから」

　機械が動き出す巨大な音
　カヨ、配置に着き、さらに指差し確認

カヨ「服装よし！　ベルトコンベアよし！　回転よし！　安全よし！　カニ歩き始め！」

　以下、目の前をベルトコンベアが流れ、それに合わせてカニ歩きしながら

カヨ「この、取っ手を左手で持って、黒いカバーを右手で持って、上向きにハメるだけ。こうでこう。こうでこう」

　流れて来た（箱状の）製品に、カバーを装着して流す

カヨ「あとは機械がやってくれまーす、やってみて」

　元の立ち位置に戻って、ロベルトの手際を見ながら

カヨ「こうでこう。そうそう。こうでこう。そうそうそう。
もう覚えちゃった。時々、背中を伸ばして屈伸。
腰に来るのよカニ歩き。若いから関係ないか。
何か質問ある？
…さっきの？『整理整頓！』ってやつ？　そう、毎朝やるのよ。

ライン作業をしながら、カニ歩きするカヨさん

ワタシ、カトリックだから…違う違う、お経
じゃないわよ。
面白いこと言うわね、あんた。
安全点検、見て（壁を指す）ゼロ災って書いてあ
るでしょ、ゼロ災害のこと」

作業とカニ歩きを繰り返すカヨ、
ロベルトの顔をチラチラ見て

カヨ「…江口洋介。誰かに似てると思ってたの。
…似てるって言われない？　江口洋介。知らな
いの？　ひとつ屋根の下。ロン毛で浅黒くてさ
あ。似てるのよぉ。横顔が。やぁだ。ドキドキ
しちゃう。
ごめんね、知らない人に似てるって言われるの、
イヤよね。
私だって困るもの『イパネマの娘に似てます

ね』って言われたら（笑）…そこ！　村上さん、私語厳禁よ！　…なによ、自分ばっかりって。違います、教えてたの、手順を、ロベルトに！ねー」

しばらく作業するが、ロベルトが気になって

カヨ「ねえ、ざっくばらんに聞いちゃうけどさ、日本人に間違われるでしょ。…やっぱり。まるっきり日本人だもの顔。

お父さんは？　日本人。戦前にブラジルに渡って。

お母さんは？　日本人。移民同士で結婚したの、あそおなの。…あー、それ向きがちがう。こうでこう。そうそうそう」

しばらく作業とカニ歩きに没頭するが

カヨ「…お父さんが日本人でお母さんが日本人なら、日本人じゃない！　ダメじゃない、しっかりしなきゃ！

え？　国籍ブラジルなの？　江口洋介なのに？

おかしな話ね。

違う違う、こうでこう、じゃなくて、こうでこう。そう。

左手で押さえて、右手でカバーを、そう。

右手でも左手でも仕上がりは一緒？　そういう問題じゃないの。

手順が決まってるの。1人の例外を認めたら、みんなの例外を認めなきゃなんないでしょ？」

しばし作業&カニ歩き

カヨ「ねえ、ざっくばらんに聞いちゃうけどさ。

なんで日本来ようと思ったの？　あー手は止め

ちゃダメ。動かして。

……それ、本当？　みんな言うけどさ、日本は時給10倍とか、日本で1年働いたらブラジルで10年暮らせるとか、家が建つとか。

騙されてんじゃない？　悪い人買いがいてさ。

…ごめんなさいね、おばさん、ブラジルって聞くとアマゾン川で泳いでる子供しか思い浮かばないの。

…服着てる？　ブラジル人、服着てるの⁉　うそー。それは…サッカーする時だけじゃなくて？　常に着てる？　うそー。

ごめん、イメージできない。アマゾン川のイメージだから。

…アマゾン川見たことない⁉　あんた、それでもブラジル人？

私だって見たことあるのに。

なによ、村上さん、見たわよ！　…ディスカバリーチャンネルで。

アマゾン川の巨大ナマズ、見てないの？

……ロベルトは、聞きたいことないの？

……コレナンデスカ？　…これってどれ？　今、組み立ててる、これのこと？

(取っ手を持ってしげしげと見て)

…知らない。考えたこともない。…ロベルトはそういうこと気にするタイプなんだ。

何かしらね(掴んで持ち上げ上下しながら)鍛えるんじゃない？

こうやって、二の腕を。村上さーん、これなあに？

……ばってら？　…あ、バッテリーだって。

…なんのって、ロベルト、グイグイ来るわね。

村上さーん、これなんのバッテリー？　知らないって。余計なこと気にしないで、集中、ケガするわよ」

しばしカニ歩き

カヨ「え？　…日本人、ガマンが好き？

…なにそれ、聞き捨てならないわね、どういう意味？

ベルトコンベアが動いてるのに、なんで人間も一緒に移動するのかって？　…それは…（考えるが答え出ず）…そういうもんだからよ！　我慢が好きなわけじゃない。

だってこのラインは、もう何年も前からカニ歩きだもの。

試しに動かずにやってみましょうか？

（やってみて）こうでこう…、こうでこう…、

……できる。できるじゃない、移動しなくても。

…え？　それは無理よ。いくら何でも、椅子に座って作業なんて。

（やってみて）こうでこう…、こうでこう…、

……できるじゃない！

……できるけど、でも、なんか、でも…背徳感！

…え？　見てる？　誰が…工場長⁉　（見て）…マズいじゃない。

…まだ見てる。…ロベルト、ほら動いて、カニ歩き、こっち来るから、ほらカニ歩き！　…動いてってば。後ろつかえてるから！

糞詰まり！　糞詰まり！

頑固ねあんた、クビになっても知らないわよ！」

工場長やって来た

カヨ「…違うんです工場長。この子、新人で、カニ歩きに意味あるのかって、いちゃもんつけてきたから厳しく指導してたんです。

…ない？　特に意味ない⁉

ルンルン気分で昼休憩に入るカヨさん

生産性が落ちなければ、やってもやらなくてもいいって…何それ！　工場長！　意味無い？　なんだったのよ、このカニ歩き！　数年間のカニ歩き！　…え？　もともとは、居眠り防止のために、誰かがやり始めた？　じゃあ…眠くない人はやらなくていいってこと!?　早く言ってよ工場長！　やめられないわよ、今さら！　…いい、結構です（とカニ歩き再開）放っといてよ、どうせ私は我慢強い日本人ですから！」

昼休憩を報せるベル

カヨ「さあお昼だ！　カニ歩きのせいでお腹ペコペコ。

お昼食べるわよ。みんなも座って、ロベルトを囲んで」

と、休憩場所（ベンチ）に移動する

カヨ「…え？　お昼持って来てないの？　ロベルト、お腹空いてない？

食べなきゃダメよ残業するんでしょ？

ちょっと村上さん、フタ貸して、お弁当のフタ。

みんな一品ずつ、ロベルトにおかず一品ずつめぐんであげて。

いいから、遠慮しなさんな。

回して回して。私、おむすびあげる。ほら集まった集まった。

（フタを回収して）

里芋、きんぴら、かぼちゃサラダ、きんぴら、ふきの煮付け、きんぴら…茶色いのばっかり。

コレが日本の、おふくろの味だから。

さあ食べよう、いただきまーす。

（食事しながら）

遠慮しないで食べて、ほら、どうしたのロベルト。

……泣いちゃった。ロベルト泣いちゃった。

さては、お爺ちゃん思い出しちゃった？　ブラジルで八百屋さんやってるんだって。

……違う？　じゃあ、なんで泣いてんのよ。

……ヤサイ、キライ？　野菜が嫌いで泣いてんだって。

……明日からお肉中心でお願いしまーす。

はい、じゃあここでロベルトに質問タイム！」


カヨ、弁当を食べながら、しばし会話に耳を貸す

カヨ「…え⁉　大卒⁉　ロベルト、大学出てん

の⁉　エリートじゃない、どうりで…なんか顔つきが違う、大卒の江口洋介って感じ。

工場長は知ってる？　大卒はアレよ、こんな肉体労働じゃなくて、事務とか管理職に回してもらえるの。言ってあげようか。工場長！　…いいから。工場長！　この子、大卒！　ロベルト！　大卒！　…知ってる？　なんだそうなの。

大学出て何しようと思ったの？　…システムエンジニア⁉

ブラジルにシステムエンジニアいるんだ。

でも…とっくに経済が破綻してるから、出稼ぎで、2〜3年働いて、あそお。お金貯めてどうするの？

…お爺ちゃんが八百屋さん始めたから、軽トラックをプレゼントするの、あら、いい孫。

…買えるじゃないもう、4年も働いたんだから。

…あら。…あらあら。…あら可哀相。

日本来る時、借金してるんだ、40万も。

往復の航空券買わされて。やっぱり騙されてるわよ。

あれよ、悪徳あっせん業者。

やっと返したの、4年かけて借金、偉い！（拍手）

ねえー、その上毎月仕送りして。

苦労人よ。今度、みそカツ食べ行こう。

…え？　もう一回言って。

「一粒一粒食べて、鶏は腹を満たす」って？　なにそれ。

…あ、ことわざ？　ブラジルの？　先に言わなきゃダメよ。

なんだっけ、もう1回。鶏がなんだっけ。

…塵も積もれば山になる、みたいなこと？

しっかりしてるわぁ、日本にもいないわよ、あんたみたいな若者、日本人より日本人！

…え？　なに？　村上さん…それ、いい質問。

日本人どう思う？

フリオ？　どういう意味？

…冷たい。やだ。冷たくないよね、私ら。おかず集めてあげたじゃない、食べてないけど。もう一回まわしたら、お肉集まるわよ。

…うん。…うんうん。前の工場で「バカ」って言われた。

ひどい。でも、それはさ、怖いのよ。あんたたち日系人よく働くから。日本人の仕事、取られるんじゃないかって思うのよ。

…ねえ、ざっくばらんに聞いちゃうけどさ。ブラジル帰りたい？

…NO。あら、どうして？　…治安が悪い。あそお。

1回も帰ってないの？　往復の航空券持ってるんでしょ？

一度帰ったら日本戻って来れない。あら、そういうもんなの。

ブラジルから、家族を、日本に呼んで、一緒に暮らすのが、夢。

あーらー優しいぃ！（悶絶）

彼女いるの？　…なによ、村上さん聞かないから私が聞いたんじゃないのよ！　…あら、結婚してんの。なんだ。見て、村上さんガッカリして、どっか行っちゃった（笑）

さて、そろそろ、戻ろうか。

…え？　日本は先進国だから、大変な仕事はロボットがやってると思ってた？　…ロボットみたいなのもいるけどね（笑）

私らだって、ねえ、パートは何年働いたって時給上がんないし。

どうしてって…おばさんだからよ。ずっと800円。

あら…あら、そうなの？

ブラジルでは同じ仕事をしてれば、男でも女でも賃金は一緒なんだって。なにそれ、日本の方が遅れてるじゃない。

時給安い？　安くても男女平等の方が大事よ！　私らロボットじゃないのよ、あー、なんか腹立ってきた。

ロベルト何とかしてよ！」

立ち上がり、歩き出すロベルト

カヨ「…ウソウソ冗談。やめてよ…え？　ロベルト、こら、どこ行くの!?　ジカダンパン？　工場長に!?

ダメよバカ！　…あ『バカ』って言っちゃった。

(慌てて目を伏せ)

見てる？　こっち見てる？　まだ見てる？　もう、しょうがないわね」

観念して、工場長のところへ行くカヨ

カヨ「違うんです工場長、このコ、ロベルト、ちょっと変わったコなんです。はい。はい。すいません。

…え？　は、はい。

(工場長去った)

ねえ聞いた？　今の。なんて言った？　『検討します』って言ったよね！　ね！　ね！　ね！

ちょっとロベルト、あんたのおかげで時給上がるかもしんない！

言ってみるもんねえ～、ありがとね！　ロベルト！

明日、大変よ、みん～なお弁当作って来るわよ
そうだ、年末はさ、みんなで温泉行こうよ、今年こそ、温泉！」

始業のベルが鳴る

カヨ「はい集合！　じゃあ午後も安全コール！
構えて！　（足を開き）男女平等！」
観客「ダンジョビョウドウ！」
カヨ「賃金アップ！」
観客「チンギンアップ！」
カヨ「差別反対！」
観客「サベツハンタイ！」
カヨ「午後もゼロ災で行くわよ、オー！」

午後の安全コール。人間らしさを取り戻したカヨさん

#3　現場監督のトシちゃん――――2008年秋。九番団地、入口付近

配管工トシちゃん、古い型の携帯電話に出て

トシちゃん「はい、現場監督のトシちゃんです。

（クセのある独特な訛りで）

…だーから、こっちからかけるって言ったべよ！

どう考えても少ねんだってばよ。…何がって、セメントがよ。

6キロしか来てねんだって。60キロの間違いじゃねえのかって、みんな言ってんだってばよ。

団地の配管工事だよ。どー考えても6キロじゃ足りねえ。

明らかに発注ミスだって、現場来て見りゃあ分かるよ。

…そりゃ、田村さんに言ってもしょうがねえけど。

確認してくれる？　本社に。こんな時間だけど。

うん。うん。

…自分で？　だーから、携帯の電池が切れるんだってばよ！

…喋れてますよ、今はね。奇跡的に。でも虫の息（画面見て）電池のマークが空っぽ。さっきから画面がパッパカパッパカしてるの。あー、もうだめ、こっちからかけ直すから、そっちからかけて来ないで、絶対に」

携帯切って、周囲を見渡し

トシちゃん「ったく、踏んだり蹴ったりとはこの

公衆電話を探すトシちゃん

事だよ。

公衆電話、公衆電話、ある時はあるんだけど、ない時はとことん無いんだよなぁ。

（と通りかかりの人に）

ちょっとちょっと、あなた、この団地の人？

公衆電話どこかね。

公衆電話。公衆電話！　ちょっと！（去ってしまった）

…『公衆電話』って標準語だよな。なんで通じねえの？

…兄ちゃん、ねえ兄ちゃん、このへん公衆電話ある？　ない？

こーしゅーでんわ！

…え？（目を凝らし）…え？　あんた外人⁉

あー…これはこれは失礼しました。

暗くて分かんなかった。そうかそうか。ブラジル団地か、ここ。

あーん、電話、テレホン（身振りで）え、うしろ（振り返る）」

電話ボックスの前に、日系ブラジル人が長蛇の列を成している

トシちゃん「…なにこれ。すんごい行列！（数える）12345678…ウソだろお、え!? なんかあったの!?

（携帯に出て）

はいトシちゃん…だから、かけて来ないでぇ田村さん！ 電池切れちゃうってばよ。…いや、それが聞いて、すんごい光景。

電話ボックスに長蛇の列ができてんの、外人の。…いや本当だってばよ。道に沿って公園の方まで、うん、思わず俺も並んじゃったんだけど。あっちゅう間に後ろに5、6人。

途中で電話の電源が切れて焦るトシちゃん

で？　どうだったのセメント。60キロの間違いだろ？

…分かんない？　…担当者が帰っちゃったって、それじゃ困るんだって、作業止まってんだから、田村さん！　田村さんってばよ！　…あーついに！　あーあー！」


電池が切れて途方に暮れるトシちゃん。前と後ろを交互に確認して、後ろの人の肩をトントンと叩き

トシちゃん「…いつもこうなんかい？　…きゅうり…あ、給料日だから。なるほど。

(と納得しかけるが再びトントン)

…給料日だと、なんで公衆電話が混むのよ？　真面目に答えて。

携帯電話持ってねえの？　貸そうか？　いや、ダメダメ。


…国際電話？　あー、なるほど合点がいった。故郷《くに》にかけてんのね。そうかそうか。高えもんな料金。1分1000円!?　そんなに高えのか？　お前さんとこ何人家族？　…13人!?　1分じゃお前、全員と喋れないんでねえの？　…それは諦めてる。弟とは3年ぐらい喋ってないの。不公平だね。…声が聞ければいい。故郷の訛りが聞ければいいんだ。石川啄木だ。知らねえか。テレホンカード握りしめて。月1回、ここに並んで仲間と語らい、家族と喋るのが楽しみ。そのために働いてる。

(しみじみ)慎ましいねえ！　…泣かせるでねえの。聞かせてやりてえよ、うちの家族にもよ。

俺も出稼ぎ組。青森県五所川原。ちきしょ。長男も長女も着信拒否だよ。今さらお父さんヅラしないでって言いやがんのよ。バカ野郎。お前らが生まれた時から、お父さんヅ

ラだよ。

…あんた日本語上手ね。名前は？　ロベルト。

トシちゃんです。

現場監督。なあに、大した事ねえの。長くやってりゃ誰でもなれるんだから。うんうん。

ロベルトは日本来てどれくらい？　…18年！

そんなに⁉

平成2年に来たの。へー。前のカカアと別れた年だ。3、4年は工場を転々としながら今は…

バッテリー工場⁉　ちょうど良かった、今、携帯電話の電池が…あ、違うの。なんのバッテリー？

…知らない？　へえ、そんなもんかね。班長に昇格したの。8年前。

孫が生まれた年だな。うん。孫は可愛いよ。親が着信拒否するから喋ってねえけど。

（不安になり）…ねえロベルト、これ…何分くらいかかるかね。

この列。全然、前に進まないんだけどね。…今夜中にセメントで固めねえと怒られるんだわ。

ちょっと見て来ていい？　ここ、キープね、すいません、すいません」


トシちゃん、恐る恐る列の先頭に移動し、様子を見て戻って来て（あるいは戻りながら）

トシちゃん「…誰も入ってねえ！　ボックス。笑いごとじゃないよ、どうりで前に進まねえわけだ、カラの電話ボックスに並んでんだもの。なにやってんの先頭のヤツ、おーい、待ってても電話かかって来ねえぞー！　…え？　…深夜割引？　11時から通話料が半額になるんだ。それ待ってんの？　なるほど、合点がいった。日本とブラジルじゃ、時差もあるしな。12時間、つーことは今、昼の11時前か。
…じゃあ先いいかい？　悪いけど、こっちは時差ねえし。担当者、帰っちゃうから」

と、電話ボックスに近づこうとするが、日系人に阻まれ

トシちゃん「違う、違います、ノーノー、日本人！　アイム、ジャパニーズ…あーどうすんべ。ロベルト、ロベルト！（手招き）通訳して。私は、配管工事の責任者です（以下、訳すの待ちながら）
…夜分にお騒がせして申し訳ありません。
…発注ミスがありまして、
…急いで電話で確認をしないと、
…明日の朝、トイレの水が流れなくなったり、
…皆さんの、生活に支障が出ます、
…電話かけていいですか？　すぐ済みますの

電話ボックスの順番を譲ってほしい説明をするトシちゃん

で」

日系人たち、理解を示し、譲ってくれた

トシちゃん「…いいの？　譲ってくれるんだ。ありがとう（訳を真似して）おぶりがーど？　おぶりがーどね、おぶりがーど！

助かったよロベルト」


ご機嫌で電話ボックスまで行くが…先頭の日系人に先を越されたようで

トシちゃん「入ってる！　電話してる、話が違うぞロベルト…え？　…11時回ったから？　（時計見て）あーー！　なんだよお！　待つしかねえのかなぁ、すっかり現場止まってんだけど…」

恨めしそうに電話ボックスを凝視するトシちゃん。

中の様子に、しばし見入って、ロベルトを手招きして

トシちゃん「シーッ（声を落として）……泣いてる（中を指し）おっさん、泣いてるってばよ。…え、友達？　…カルロス。誰と喋ってんの？　…母ちゃんが病気で…父ちゃんも寝たきりで…。

…カミさん先にブラジル帰って看病してて、今ひとり暮らし。

…代わってくれって言いづらいよぉ〜。

…え？　（声落とし）しかも工場クビになった⁉

うそー」


電話を終えて出て来たカルロスに、どう声をかけて良いか分からず、黙って見送るトシちゃん

トシちゃん「なんでまた……リーマンショック

で？　あ〜あ…って、合点が行かないよ。リーマンって海外の銀行だべよ。そのしわ寄せが、なんでまた日系ブラジル人に？　（次の日系人に）

あんたも？

リーマンショックで？　じゃあお先にどうぞ。

おかしな話だな。景気悪いのは、世界共通の問題だべ。なんで、ブラジル人だけが…。日本人はセメントの発注ミスしてもクビんなんねえのによ。

しょうがないって、ロベルト。何それ。新聞の切り抜きか。どれ。

（受け取り読む）『…日本政府が一律30万の支援金を出し、外国人労働者に帰国を促す…5年間、再入国禁止が条件』って、首切りだべよ、テイのいい、国からの手切れ金じゃねえの？

あんたもリーマンで派遣切りに遇ったのか？

職探し中？　どうぞどうぞ、お先に（と先を譲る）

リーマンの方はどうぞ、前にお進み下さい。

あんたは？　…いきなり解雇、10年も勤めたのに？　ひでえなおい。

団地から追い出されて今は…橋の下で暮らしてる…そうかい…そりゃ言えねえや、心配させたくねえもんな」


次第に集まって来る日系人。缶の飲み物を渡され

トシちゃん「くれんの？　わるいね。なんだっけ、ぼるけーのじゃなくて…オブリガードだ。おぶりがーど！」

とプルタブを開けて飲む

トシちゃん「ロベルトはどうすんだい？　…迷ってる…30万貰うか、日本に残って職探すか。

18年だもんなぁ。独身？　ブラジルから恋人呼んで…あそお。

団地で結婚式挙げたんだ。やるねえ。子供は？

…日本の小学校に通ってんの、だから日本語上手いのか、へえ。

…だったら帰ったらどうだい？

…故郷のご両親だって孫の顔、見てえだろ。会いたいに決まってるよぉ。

いや…俺も会えねえからさ、孫に…まあ俺の場合、ちょっと事情が複雑なんだけどな。絶縁状態だから。酒だよ酒。酒が原因。

飲まなきゃ俺だって、いい亭主なんだよ。自分で言うのも何だけど。今飲んでねえもん。怖いから、今のカミさん。3年飲んでない。本当だよ。

だがよロベルト。お前さんの場合、爺ちゃんも健在なんだろ？

1回くらい、ひ孫の顔見せに、ブラジル帰ったらどうだい？

…帰れない。どうして。…約束？　軽トラック
…買うって約束したのか、爺さんと。そんなの、向こうは気にしてねえべよ。それより元気な顔を見せることが……うん…うん。

…（と飲んで）なんだこれ、酒か⁉

どおりで美味いと思ったら、缶チューハイだべ、これ‼

何してくれんだよぉ、ダメだ飲ましちゃ、仕事中に。

もう遅えか。アハハハハ…。

…軽トラックかぁ。会社のならあるんだけどな。そこに。乗る？

ロベルト。車検切れそうなの。ホロんところに、でっかく『水道局指定業者』『山中工業所』って書いてあるけど。はは、喜ぶかな、お爺ちゃん。

田村さんに聞いてみるか」

気がつけば電話ボックスの前に移動しているトシちゃん

トシちゃん「…俺の番？　おお、危ねえ危ねえ、ほんじゃ、お先に」

トシちゃん、電話ボックスに入り、テレホンカードを入れ、プッシュしようとして手が止まる

トシちゃん「……」

頭をかいたり、天を仰いだり、して、ドアを開け

トシちゃん「…ロベルト、先どうぞ。いいからどうぞ」

ロベルトをボックスに押し入れ

トシちゃん「（大きく嘆息）…会社の番号、忘れた。参ったな。40年近く勤めた会社の番号が…（携帯出し）こん中には登録されてるよ、もちろん。さっきまでかけてたんだから。でも…電源が入らない、万事休すだよ。もう一本くれ（別の日系人に）あんたも失業中？…生活保護打ち切られて、ブラジル帰れって。…ひでえ話だな、人手不足の時だけ、いい顔しやがって…。よおし分かった！　みんなウチで面倒みてやる！　配管工事なら、信頼と安心の山中工業所、電話番号は…えー…（出て来ない）」

ロベルトが、慌てた様子で出て来た

トシちゃん「どうしたロベルト！　慌てて…なに？　爺さんがどうしたって⁉　…死にかけっ

て、バカ、縁起でもないこと言うんじゃねえよ。『危篤』っていうの、キトク。お、おい、どこ行くんだ？　ロベルト…え？　…分かった！　俺に任せろ」

電話を代わり、励ますトシちゃん

トシちゃん、受話器を耳に当て

トシちゃん「（恐る恐る）こんばんはー…あ、そっちは昼か。えー、ワタシは、ロベルトの…雇用主の、トシちゃんです。…そうです、バッテリー工場の社長…日本語!?　そうか、お父さんは日本人なんですね。うわー、かえってやりづらい。…ええ、よくやってますよ。ロベルトは…お嫁さんとお孫さんを呼びに行きました。あの、お爺さん…話せますか？　差し支えなければ、受話器を、お爺ちゃんに。

……もしもし？　お爺ちゃんですか!?　ロベルトがね、軽トラックをプレゼントするそうですよ！　そうそう。中古の。…どうやって運ぶか分からないけどね…もうすぐ帰るから、だから、早く元気になって、待ってて下さいねー」

ロベルトのふりをして祖父を励ますトシちゃん

#4 日系ブラジル人のロベルト――2020年冬。九番団地、ベンチ

ロベルト（64歳）

ボロボロのキャリーカートに最低限の所持品を乗せ、
ずるずる引きずってベンチへ座る。

ロベルト「…はぁ…はぁ…寒い。…『寒い』は、え
～と、Ｆｒｉｏ。
喋ってないと忘れるね。ポルトガル語も日本語
も。う～～（身震い）フリオ」

何となくギターを抱え、ボロロンとつまびく
そして喋るように歌う

ロベルト「♪フリオ、ニッポンの冬　とてもフリオ
♪ブラジルは　雪が降りません
♪死んだお爺ちゃん　言ってましたね
♪ニッポンは　すばらし国
♪治安がよくて　景気もいい
♪でも冬は　フリオ

突然、歌うのをやめたロベルト。隣に誰かが座った

ロベルト「…わからない。
…タイトル？　今の歌？　ありません。今、
作った。
…はい？　そうね、疲れましたので、ちょっと
休んでますね。
…はい。どこも悪くないですね。はい。
…はい。ゆうべも、いましたね、ここ。その前

も、いましたね。
…あなたも、いましたね、ゆうべも、その前も。
ここで、スマートフォン、やってましたね。はい。気づいてましたね。
…はい？　…名前、ロベルト言いますね。はい。
60…今年なん年？
２０２０年。じゃあ64歳ですね。ロベルト、64歳。
…ゆい。…ユイさん。21歳。若いですね。はい。
寒くないですか？　ほとんど足、出てますね。
はい。
団地に住んでますか？　…違う。どこ。マンション。あそう。
…ロベルト、すぐ、行きますね。
なんで？　あー…メイワクかかるから。どこ行く？　……分からない。
家、ない。仕事、ない。家族、ない。
（『大変だね』と言われ思わず笑い）…そう、大変ですね。ロベルト、タイヘンです。
はい？　…ユイの方がヒサン？　…どうして？
…カレシ、ソクバク、キツイ、ＤＶ、ニート、ゲームばっかり。
それは……大変だね（笑）
…アリガト、ユイも元気出してくださいね」

沈黙。ロベルト、再びギターを抱え、つま弾き、
何かを歌おうとして

ロベルト「…まだ、いたんですね（慌てて）いてください、どうぞ、ロベルト、行きます、ユイさん、ここ、いてください。
…はい？　家族…は、奥さんと娘。二十歳。…
タメ？　ため…（考え）
ああそう、ユイと歳いっしょ。タメ（笑）でも、
ブラジル帰った。

ギターを弾き、歌い始めるロベルト

いつ？　…2011年ですね。9年前。地震の年ですね。子供、日本の学校でイジメラレタ。少しね。

リコン。仕方なくね。離婚しないと、妻、ブラジル帰れなかった。

私、残った。働いて仕送りするためね。

バッテリー工場、配管工事、自動車部品工場、土木作業員、ルート配送。どれも5K、汚い、きつい、危険、厳しい、くさい、きらい…6Kですね（笑）。

だけど…4年前、ケガした。作業中。ケイツイ損傷。ゼンチ1ヵ月ね。保険入ってなかった。そのままクビ。ヒセイキ雇用で退職金もナシ。年金も払ってなかったね。家賃ハラエナイ、なら出て行け、だから、ここにいる」

しばし沈黙。ちょっと咳込むロベルト

ロベルト「…ユイの方がヒサン？　どうして？

夢がない？　なりたい職業がない。やりたい事もない。

受験失敗。予備校、コロナで休校。バイトもクビ。

……大変ですね。元気、出してね。

……もう遅いから、帰った方が…やだ。なんで？　…ウザイ。

『ウザイ』使い方、難しいですね。

『お父さん、ウザイ』『お母さん、ウザイ』…合ってる？

『学校、ウザイ』『仕事、ウザイ』『名古屋、ウザイ』

ちょっと違う（笑）

日本に来る時、飛行機の中で、派遣会社の人に言われましたね。

『トラブルに巻き込まれたら、なに聞かれても「トモダチ」か「シンセキ」って答えろ。他の日本語は知らないフリ。そうすれば何とかなる』って（笑）

……はい？　日本に来たこと、後悔してる？

してない？

うーん。イチガイニハ言えない。

楽しいコトもいっぱい、ありましたね。優しい人。親戚。友達。

自治会長のホリイさん。これ、くれた人」

キャリーカートの荷物を見せる
それは古びた、小さい小さい仏壇

ロベルト「毎日、拝ンデマス。盆踊りとサンバ。そこの広場でやりました。盛り上がったねェ。盛り上がりすぎて、ホリイさん、過呼吸になって救急車来た、うん、1年で終わった。

工場のカヨさんもいい人。生産ラインのおばさん。エグチヨウスケだから、お弁当のおかずわけてくれた。

…味が薄かったね。梅干しは、こっそり吐き出した、捨てたね。

内緒ね。

トシちゃんも飲まなきゃいい人、配管工事の現場監督ね。

飲んだら、必ず『軽トラ持ってけ！』て言うね。

口だけなら、10台以上もらったね。

ユイの方がヒサン？　…今、ヒサンな話してないけど。

なに？　スマホの料金、月8万。ゲーム代。インスタ『いいね』が増えない。お母さん、こわい、どうして？

…家でゴロゴロしてたら蹴られた。

…ゴロゴロできる家があるだけ幸せ、お母さんいる、もっと幸せ。

……はい？　ブラジル帰りたい？


…それは…難しい質問です。うん。ざっくばらんに言うと、…2回、帰ろうと思った。

リーマンショックでお爺ちゃん死んだ時、あと、地震の時ね。

日本、景気悪い。でも、ブラジルもっと悪い。

ロベルト、働いてお金稼ぐために残った。

もう…帰れない。

…なぜ？　家族と連絡とれない。もう3年になりますね。電話繋がらない。手紙も届かない。

友達。親戚。1人もいなくなった。

……ユイの方がヒサン？

(首振り) みんなヒサン。みんな大変。でも生きてる。

…ロベルト今日、ハローワーク行って来ました。

リレキ書の書き方、教わりました。字が汚いって、怒られた。

明日も来て下さいって。晴れたら、仕事、あるかも知れない、明日、晴れたら、しごと…（咳込む）…そろそろ、お家、帰らない？　お母さん、心配してない？」

少し長く咳込むロベルト

「大丈夫」とギターを抱えるロベルト。


ロベルト「…じゃあ、なんか唄おうか。ユイ、何が好き？

…あ、あ、あいみょん…知らない。

…ひげ？　ひげだん…知らない。

…なんでもいい？　ありがとう、じゃあ…」


と、ギターをつま弾き、即興で歌い始めるロベルト。興が乗ったところで、ボランティア女性がパトロールにやって来た。ロベルト、慌てて立ち上がり。

ロベルト「は、はい！　…すいません、すぐ移動します。はい？　ねつ？　ああ…ありません（額を触る）…そうですか、じゃあ」

体温計を受け取り、脇に挟むロベルト

ボランティアはユイに質問し始める。ちょっと不安気に、2人のやりとりを聞いていたが

ロベルト「…いえ、私がどこか行けばいいんですが。…7号棟の1階です。4年前まで。今は…ここ。大丈夫です。寒くない。

…ロベルトです。ロベルト・ダイスケ・オオキ、日系2世。パスポート…あ、昨日見せましたね。

…あ、熱、はい。

（と、体温計を出す）

…高いですか？　昨日より下がってませんか。

…はい。37度5分以上が、4日続いたら。保健

所に。はい。まだ3日。はい、おやすみなさい」

ボランティアが去った。


ロベルト「…ボランティアの人。毎晩、パトロールしてるね。いや、ウザくない、ありがたい。(咳込む)…大丈夫。…心配ない。救急車いい。迷惑かかる。

それよりユイさん。頼みたいことある。

インスタグラム、娘の、インスタグラム、見たい。

(スマホを渡される)

……いや、渡されても(苦笑)

アカウント? …分からない…ログイン? …分からない…リンク? …もういい(返す)。

…名前? 娘の? マヌエラ・ユミ・モラエス・オオキ
長い? マヌエラ・ユミが名前、モラエスは奥

咳込みつつも「大丈夫」とギターを抱えるロベルト

さんの名字、オオキ、私の名字。

ブラジル人、結婚すると名前長くなる。

………あった!? うそ！」

思わずユイのスマホを掴んで見入る

ロベルト「ユミ、ユミ（感極まりポルトガル語で）すっかり大人になった、母さんそっくり、腕が太い、会いたい、会いたい。(Já está uma mulher! Igualzinha à mãeSanten... tem braço grosso... que saudade!)

……あ、ごめんなさい。娘、これがロベルトの娘！ ユミ！ 21歳。

ユイさんとタメね（笑）似てる？ あそう？

（嬉しい）

え？ コメント？ どれ？ どれ？ これをこう？（言われるままスクロールして読み）

…おお、どうしよう、参った！ Socorro!（助けてくれ！）

ユミが、日本に来たいと言っています！

『私は10歳まで、日本の、NAGOYAのDANCHIで暮らしていました。いつか私の生まれた国、日本へ、行ってみたい』

どうしよう！ どうすればいい！

…なにが？ って。こんな姿、見せられないよ。

そこまでヒサンじゃない？ 違う、ヒサン！

とてもヒサン！

家もない、仕事もない、金もない、団地の中の、広場のベンチに棲みついてる。お父さんヒサン。

こんな姿、見せられない。

こんな姿で、ユミと会えない…会いたくない！

（激しく咳込む）

…3年前？ なにが？ このコメントが…うそでしょ。どこに？

（覗き込み）『3 years ago』って書いてある。
どういうこと？
3年前で止まってる？　インスタ…あそう。
じゃあ…ユミは日本へ来ない。…そう。…あそう…よかった。
3年前は、来たいと思っていた、ですね？　今は…分からない。
あそう。でも、来ない、よかったね。…大騒ぎしてごめんなさい」

安堵しつつ、どこか淋しそうなロベルト

ロベルト「…はい？　ああ、そうだったね。じゃあ、歌いましょう」

ギターを弾き、やけくそ気味に歌うロベルト

…………

♪ユイはニッポン人　ロベルトはナニ人？
ブラジル人？　ニッポン人？
お父さん　ニッポン人　お母さんもニッポン人
でもロベルトは　ブラジル人
日本では　ブラジル人
ブラジルでは　ニッポン人
日本では　ブラジル人

♪ブラジル人　ニッポン人
ブラポン人でもいい　でも
ガイジンじゃない　ガイジンじゃない
ガイジンはいない　ガイジンはいない

歌い終わり、咳込み、我に返るロベルト
ユイの姿はない。

ロベルト「…フリオ」

と呟いて、ベンチに横たわるロベルト

雪が降って来る

そこに電動アシスト付自転車に乗った女性がやって来る

妻「Roberto, Roberto, acorda!（あなた…あなた、起きてロベルト）」

ロベルト「……」

目を覚ますロベルト

ロベルト「（ポルトガル語）ママ、どうしたの。ユミがいない？
…電話は？　鳴らしても出ない？　そうか…大丈夫、君は悪くない、
一緒に探そう、ママ（Meu amor, o que foi? A Yumi desapareceu? E o telefone? Não atende? É mesmo? …
Não tem problema, não é culpa sua. Vamos procurar juntos.)」

女性「大丈夫ですか？」

ロベルト、我に返り

ロベルト「…あ、すいません、すぐ移動します」

女性「救急車呼びましょうか」

ロベルト「だいじょぶ、だいじょぶ…アナタどうしました？」

女性「ええ、ちょっと、娘が家を飛び出して…」

ロベルト「……」

女性「…どうしました？」

ロベルト、咳込みながら立ち上がり、電動アシスト自転車に近づくと

降り続ける雪の中、傘を差してくれたユイの母親の前で歌い続けるロベルト

ロベルト「…これ」

と、バッテリーを触り、取り外し

ロベルト「…コレ、私が作りました。コレ（と向きを変え）こうでこう…こうでこう…こうでこう…（懐かしそうにバッテリーを撫で）…合点がいきましたありがとうございました」

そのままベンチに座り

♪ブラジル人　ニッポン人
ブラポン人でもいい　でも
ガイジンじゃない　ガイジンじゃない
ガイジンはいない　ガイジンはいない

降り続ける雪

おしまい

※実際の収録現場ではロベルトがベンチに座ると以下の展開になりました

そのままベンチに座るロベルト。

ロベルト「ああ、フリオ。寒い」

ギターを弾こうとして激しくせき込む。
そこに先ほどの女性（ユイの母親）が戻って来て、
ロベルトの額に手を当てる。

ロベルト「ああ、キ・ケンチーニョ（あったかい）」

女性「歌い終わったら病院に来ましょう」

ロベルト「ありがとうございます」

歌い出すロベルト。

ロベルト「♪ロベルトはガイジンじゃない　ガイジンじゃない
ロベルトはニンゲン　ロベルトはニンゲンさ
ただのニンゲンさ　ロベルトはニンゲン
誰もが　みんながニンゲン　どこにいても
誰でもが　ニンゲンさ　ガイジンじゃない
ガイジンじゃない　ガイジンじゃない
ニンゲンさ」

降り続ける雪。

終幕を迎え、スタンディングオベーションを受けるイッセー尾形さん

最高のエンターテイナーと作り上げた作品

　芝居を始める前、舞台設営のバイトをやっていて、イッセー尾形さんの一人芝居の現場に何度かお邪魔しました。まだ二〇歳でした。演出家の森田さんの奥様から「幽霊くん」という有り難いニックネームを頂き、ちょっと重たいものをちょっと運んだだけで、当時チケットが取れないことで有名だった渋谷ジァン・ジァン公演のゲネプロを見せて頂いた上に、お金まで貰えるという、夢のようなバイトでした。ギリギリまで自分を追い込むストイックな姿勢は近寄りがたいほどに神々しく、まさか三〇年経って、そんなイッセーさんの一人芝居の台本を書くことになろうとは……。忘れかけた頃に叶う夢もあるんですね。

　コロナ禍での脚本作り、実はディレクターの川上さんとは一度しかお会いしてません。全てリモート。日系ブラジル人の方々への取材も、川上さんが団地を訪れ、東京にいる僕と回線を繋いでくれて、リモートで質問させて頂くというものでした。そこで聞いた話は、とても生々しく切ないエピソードもあれば、つい笑っちゃうほっこりエピソードもあり、とても興味深かった。社交場でもある酒屋さんの前で発泡酒を飲みながら、スマホ越しに見ず知らずの脚本家である僕に日々の愚痴をこぼす。皆さんにとっても奇妙な体験だったと想像します。

そこから抽出した四つのドラマ、四人の主人公の喜怒哀楽を脚本に落とし込みました。三〇年前のゲネプロを思い返し、イッセーさんが僕の書いた脚本通りに演じることは絶対にないだろうと踏んでいましたが、想像以上にあちこち膨らませてくださり嬉しかったです。収録直前に安藤玉恵さんから「イッセー尾形さんの団地の一人芝居にちょっと出るんですぅ」と連絡を頂いた時は、え、マジ⁉ と驚きました。あの四本目は本当に素晴らしかった。しかしあれは、あの日あの団地の広場に集まった日系ブラジル人の皆さんとイッセーさんが生み出した〝作品〟なので、文字化したところであの空気感は伝わらないだろうと考え、僕がお渡しした台本をそのまま採録させて頂きました。これをあんな風に膨らませちゃうイッセーさんのバイタリティと生粋のエンターテイナーぶりを、まずはご堪能ください。そして、その先にある現実、日本から見て地球の裏側からアジアの島国にやってきた同胞が、この三〇年間何を思い、怒り、笑い、泣き、生きてきたかを、お手隙の時に考えてくれたら嬉しいです。

二〇二三年八月吉日

宮藤《くどう》官《かん》九郎《くろう》

あの場でしかできなかった未体験のお芝居

終わって思うことは、本当不思議な感じ。ここにいるんだけれど、この世界じゃないところに自分がいるんだなっていう、そういう舞台空間でしたね。初めてで新鮮です。

いつもの自分の劇場だと、『イッセー尾形』の世界でお客さんが、反応してくれて。でも、ここは、自分は何を投げかけるのかよくわからないんですよ。台本はちゃんとあるけども、お客さんがどう反応するかもわからない。でも、きっとお客さんも同じ感覚だったっていう実感がありました。彼らの抱えてきた人生の背景を感じてたっていうかねえ。反応は一つの表面だけれど、その向こうにどんなものがあるんだろうみたいな。

最後までみんな、そんな表情をしてらっしゃいました。

でも本当、『イッセー尾形』の世界観以外でやるのは新鮮でした。

外国の人の、それも知らない人を演じるっていうのは今までやったことがないんでね。なんとなく自分の日常の、地続きの人物を演じてましたから。

逆に本物のこのモデルを演じて下さいっていうのは駄目なんですよ。やっぱ想像するところがないと、もう、作れないっていうのかな。僕はねそういうタイプなんです。

今回のお芝居を引き受けたのは、今まで経験してこなかったことをしてみたいっていうのがあったんですよね。まず屋外でやること、これも初めてだし、昔の自分だったら考えられないことでした。もっと神経質で、劇場選びでも「これは屋根のある狭い所でなきゃダメ」みたいな。驚きますよ、若い時の自分がもし今の自分を見たら。

あとは宮藤官九郎さんの台本で今回やるということでね。

宮藤さんの、僕と違う世界を演じる、だから屋外もあり。

宮藤さんの本という僕から離れた世界を、僕が体を使って表現する。そうすると、広がるじゃないですか。自分だけじゃなくてみんな広がる。

ただ、本当に自分はちっぽけだったなって今回思いましたね。お客さんを見るとね、それぞれの人生があって、遊んでる子供も含め、みんなで成り立っていて、それで一つの番組に集約していこうという。

単にお芝居と名付けられないし、ドキュメントでも、ドラマでもないしみたいな。

言うなれば『九番団地ドラマ』。

本当、ここでしかできなかったことだったと思います。

二〇二三年八月吉日

イッセー尾形《おがた》

特別な場所で、日系ブラジル人の方々の歴史にもらい泣き

名古屋の入管施設で亡くなったスリランカ人ウィシュマさんの事件で、日本の職員の非道な対応が明るみに出ました。記憶に残る悲しい事件だと思います。オンエアを見返して、二〇二〇年に作られたこの作品が二〇二三年の今になって、より大きく私に響きます。作品のラストの歌、「ガイジンじゃない」に続く「ニンゲンさ」という歌詞が、深く突き刺さりました。作品の中で主人公ロベルトの最期に寄り添う、その役をやらせてもらえたことはありがたいことでした。この収録に参加できたことで嬉しかったのは、前日のリハーサルを独り占めのように見学できたことでした。あの宮藤さんの笑いの仕掛けがたくさんある台本を、イッセーさんが組み立てていく姿は、役者の後輩としては、全部をメモしたいような現場でした。

一体どのようにして、屋外で、しかも一発本番で、撮影するのだろう。団地の真ん中に、ステージを作って、客席も設置して。ブラジル人の皆さんはイヤホンをして同時通訳でセリフを聞きます。ステージの向こうでは、そんなことには無関心な子供たちが元気に遊んでいました。普段の劇場では感じることのない独特の緊張感が生まれていたと思います。イッセーさんは一幕一役を演じます。自治会長のおじさん、工場の女性カヨさん、

現場監督のトシちゃんおじさん、そして、日系ブラジル人のロベルト。日本で働きはじめた日系ブラジル人の方々が時代と共に直面してきた問題を四幕仕立てのお芝居にするのですが、どの役もコミカルな身体で演じてらっしゃるので、実際には辛かった経験を思い出すことになっても、笑いというフィルターが大きく作用していたように思います。一緒に踊ったり、手拍子をしたり、歌ったり。お客さんのリアクションがイッセーさんのお芝居に影響して、ライブで生まれる温かい瞬間が続いていました。あんなふうに舞台に立てるのって素敵だなと感じました。ふと見ると、目に涙を溜めている方がたくさんいらっしゃいます。笑って泣いている。私は特別な場所にいるのだと思いました。それは私が知らなかった日系ブラジル人の方々の約三〇年の歴史を、隣で語りかけてもらっているような感じでした。もらい泣きとはこういうことなんだと、実感しました。

ナレーションを担当できることになって、さらにこの作品に深く関わることができました。ナレーションの演出ですが、「明るく」と何度も言われましたが、「もっと明るく」でもよかったのかもしれません。困難の中にありながらも、日系ブラジル人の方々の明るい笑顔が印象的な作品でもあったと思うので。

二〇二三年八月吉日

安藤《あんどう》玉《たま》恵《え》

第1章
労働

船橋辰也ニルトンさん（五三歳）

私の生まれは一九七〇年六月一三日。日系の両親の間に生まれました。私の家は、祖父母も両親も日系なので、私は三世ということになりますが、私の中に流れているのは「一〇〇%日本人の血」なのです。

生まれたのは、大西洋から内陸に五〇〇キロいったあたりにあるサンパウロ州郊外の田舎町、トゥパン市という場所です。育ったのは隣の小さな町で、私がいた当時は人口の七割ほどが日系人で、通りの名前は日系人の名前になっていました。日本人会があって、運動会や盆踊りが行われるなど、日系人同士のつながりは強固なものでした。

日系人同士はみな親戚のような感覚があって、助け合いました。たとえば買い物をする時も、髪を切る時も、必ず日系人のお店を選ぶのが暗黙のルールでした。

日系人は日本人会館で、日本語や和太鼓、卓球、カラオケ、料理、野球、柔道などを選んで習えたんです。私は野球と柔道をやってい

船橋辰也ニルトンさん

て、そのおかげというか……ケンカには自信がありました。

それから日系社会では結婚式などのお祝い事で何かと「万歳」をします。「乾杯」の代わりに「万歳」という人すらいました。「大和魂」という言葉もよく使ったように思います。

私の両親は日本語を喋っていましたが、家の中ではポルトガル語を使いました。大まかに言って、日系人で日本語を喋れるのは二世まで。三世からは、喋れなくなります。大体、一九七〇年生まれまでとそれ以降、といったところでしょうか。

また、親世代とは兄弟の数も違いましたね。私は四人兄弟だったのですが、親の世代は六、七人兄弟が普通だったんです。多いと思いますか？　日系人にとって、子供はすなわち労働力なので、家族が多いに越したことはないんです。

家業はひよこの販売業でした。裕福ではないが、貧乏でもなかったですよ。

母は優しかったですが、父は厳しい人で、学業も柔道も野球も全部一番でなければ許さない人でした。典型的な日系の両親でした。父には、よくベルトで叩かれました。

一九八一年、私が一一歳の時にサンパウロの大都会に引っ越しました。父親が市場で八百屋を始めたので、夜学に通いながらそれを手伝いました。

その時は朝三時に起きて準備。六時から販売開始で、一二時まで二～四トンの野菜を販売しました。本当は違法だったんですが、その時から父の代わりにトラックの運転もしていました。

くたくたになるまで働いてそのまま登校したんですが、「日系人はシャワーも浴びない」とブラジル人にからかわれて、ケンカになりました。

一四歳になると日系の税理士事務所で働き、一六歳からは日系の南米銀行に勤めました。給料は、悪くなかったですね。

母のため、サンパウロから日本へ

日本に行くことを決意するきっかけになったのは、日本から帰ってきた銀行の先輩に、日本のタバコをお土産で渡され、「若いうちに稼ぐなら日本だぞ！」と力説されたことです。親戚にも、日本へデカセギに行く人が出てきていました。

それまでは日本へ行きたいと思ったことはなかったんですが、その時母が乳がんで入院していて、もっといい病院に入れてあげたいと思って、デカセギに行くことを決意したんです。

母も「将来のため、日本で働いてお金を貯めて、ブラジルで家を買って彼女と結婚しなさい」と応援してくれました。

ちなみに「彼女」というのは、当時私が交際していた女性のことです。父親が日系人で、めちゃくちゃ可愛かったんですよ。本当は、彼女と二人で日本に行きたかった。けれど、彼女の家族に反対されてしまって。彼女は五年間も自分の帰りを待っていてくれましたが、結局一緒にはなれませんでした。

来日当初、毎週二、三通手紙が届きました。涙で文字がにじんでいたのを覚えています。その手紙を見て、なんて返したらいいか、とても悩みました。当時は手紙が届くのに、二週間はかかっていましたから。

言葉といえば、来日前に喋れた日本語は、野菜の名前と「高いよ、安いよ、白菜どうですか？」なんかの八百屋での接客言葉のみでした。なので、病床の母から日本語を習ったんです。

「日本では、自分の仕事が終わっても、ぼーっとしていちゃだめ。『次、何をしますか？』と、自分から仕事をもらいに行くのよ」

と何度も念を押されて、だから「次、何をしますか？」というフレーズは完璧に覚えていました。実際、これがかなり役に立ったんですよ。

ただ、来日のちょうど一ヵ月前、日本行きのフライトが決まった日でした。見舞いに行った病院で、母が亡くなったんです。それは、私が日本に行く理由がなくなったことも意味していました。さっきも言ったように、母をもっといい病院に入れるためだったので。ですが、応援してくれた母の気持ちを裏切ることはできないと思い、やはり日本に行くことにしました。

チケットは旅行会社に往復航空券を買わされて、四〇万円もしました。日本に着いた時、手持ちは一万円ほどしかありませんでした。

当初は一年で帰国する予定だったんですが、その後父親も日本にデカセギに来てしまい、私は日本で結婚して、子供も生まれたので、帰れなくなりました。
一九九〇年頃は、冒険好きの独身者がデカセギに押し寄せていたようなイメージがあります。そして一九九三年くらいから、家族を呼び寄せたり、一緒に来日してくる人が増えたように思います。

来日した時のことを、もう少し詳しく話しておきましょうか。ブラジルを発ったのは、一九九〇年の三月二一日、私が一九歳の時になります。

出発前に空港で「入国審査は何を訊かれても『アソビ、シンセキ』と答えろ」と強く言われ、意味もわからず、とにかくノートにメモをしました。私の持っていたのは、観光ビザでした。つまり、労働をすることは違法です。当時はそんなこと、夢にも思いませんでしたよ。もし知っていたら、日本に来なかったと思います。結局は送り出す側も、人を金ヅルとしか見ていないんです。だから、そんなひどいことができるんでしょう。

成田空港に着陸する飛行機の中で「君が代」が流れた瞬間には、鳥肌が立ちました。「もうあとには引けない。いよいよ始まるんだ」と覚悟しましたね。飛行機に乗ったのは初めてだったので、最初は遊び気分だったのですが、そこで一気に現実に戻されました。

入国審査でなんの躊躇もなく「ＪＡＰＡＮＥＳＥ」の列に並んでいたら「外国人の列に並び直せ」と言われて驚きました。私は「外国で生まれた日本人」として生きてきたつもりだったので、本当にショックを受けました。

それから、空港で一八人いた日系人は豊橋と群馬のグループに分けられました。自分だけ親戚と別にされ、豊橋に行かされそうになったので、直訴して群馬にしてもらいました。

流れとしては空港に着いて、宿舎に行き、仕事を知らされる、という順番でした。その宿舎については、また後ほどお話しします。

私が働くことになったのは、自動車のゴム部品の工場でした。わりと大きな工場をイメージしていたのですが、それとは違い、二〇～三〇人ほどが働く小さな工場でした。

仕事は、先に働いていたバングラデシュ人たちが、丁寧に教えてくれました。バングラデシュ人が日本で働いていることには驚きましたね。親切で良い人たちだったので、自分たちブラジル人に仕事を引き継いだとたん、クビになって去っていったのは、見ていて気の毒でした。

仕事自体は、簡単でした。溶けたゴムを流し込む作業で火傷をしたりはありましたが、ブラジルで早朝から働いていた八百屋に比べたら楽でしたよ。日本人より日系人の方が働き者じゃないか、なんて思っていました。それに私は、日系の銀行に勤めていたので、日本流の働き方にそれほど違和感はありませんでしたから。

ああ、でも、朝イチでラジオ体操があるのは驚きました。運動会だけじゃないんだ、と。それに、毎朝朝礼があるのも、「今日もゼロ災で行こう、よし！」なんて掛け声があるのも新鮮でしたね。「おす！」という挨拶が若者っぽくてカッコイイなと思って、目上のライン長に「おす！」と挨拶をしたら、怒られてしまいました。

それでも、会社の人は優しかったですよ。手持ちの金もあっという間になくなったので、みんなと一緒に給料の前借りを頼んだんです。「一万円」と伝えたのに、「一〇万円」も貸してくれたので衝撃でした。ジェスチャーで「一〇」と伝えたことから、起きた誤解だと思います。ポルトガル語では、一万を一〇個の千と表すんです。

さっき、日本語は母に習ったと言いましたが、本当は週に一、二回、塾にも通っていたんです。それで一応、ひらがな全部とカタカナを少し覚えていました。あとは、「鉛筆」や「車」といった簡単な単語もね。ただ、ブラジルで習った日本語は、古いものでした。「電車」ではなく「汽車」、「トイレ」ではなく「便所」といった具合にね。一人称は「ボク」で「オレ」は使いませんでした。それに「わたし」は女言葉だと思っていたので、男が「わたし」というのがおかしかったですね。今は、自分でも使いますが。

それから日系社会では結婚した女性を親しみを込めて「おばさん」と呼んでいたんです。「おばさん、おいしい白菜あるよ！」といった言葉は八百屋時代によく使いました。なので、同じノリで工場のパート女性を「おばさん」と呼んだらめちゃくちゃ怒られてびっくりしてしまいました。

あとは……漢字ですね。私の日本名の「タツヤ」は漢字で書くと「達也」なのですが、派遣会社で登録する時に漢字がわからず、結局「辰也」の字にされてしまったんです。ブラジルに一時帰国した時、祖母に激怒されてしまいました。

来日してから数年は、日本も景気がよくて残業が多かったので、月に五〇万円ほど稼いでいました。ブラジルに仕送りはしなかったので、主に国際電話に消えていました。残りは、車の購入費などにしましたね。仕送りをする人、しない人は、私の感覚では半々くらいの割合だったと思います。

公衆電話は、ブラジル人同士の情報交換の場でもありました。私はそこで話を聞くうちに、当たり前だと思っていた自分の環境が相当劣悪なものだと気づいて、転職を考えるようになりました。

佐藤エリザ由佳さん（五五歳）

そもそも私自身は日本に来るのは夢でもなく、憧れを抱いてもいませんでした。ただ、ブラジルで体育大学に合格したのですが、医

佐藤エリザ由佳さん

者になろうと思い直したので、その医大の学費を稼ぐために日本に行くことにしたんです。

一方で、私の姉は大学で日本語を学び、日本領事館でアルバイトもしていたので、日本語の会話には困っていませんでした。その姉も一緒に日本に行くことになっていたので、自分はまったく喋れなくてもなんとかなるだろうし、どうせ学費が貯まればすぐに帰るのだから、と日本語の勉強はまったくしませんでした。

来日したのは一九八八年、二〇歳の時ですが、来た当初はなんの仕事をするのか知らなかったんです。派遣会社任せだったので。ビザも、六ヵ月の観光ビザでした。

その派遣会社からは「入管に逮捕されるので、外に出たらポルトガル語を喋るな」と言われたので、素直に従っていました。今思えばあれは、私が他社のブラジル人に会って、もっと好条件の職場があると気づくのを恐れたんだと思います。加えて、パスポートも派遣会社に預かられました。なにぶん日本語がまったくわからないので、言いなりになるしかありませんでした。

勤めた工場には、ブラジル人を始め、南米人が一五人ほどで、日本人は七、八人。通訳が二人いました。

労働は、とにかく辛いものでした。自動車の配線関係の仕事です。一〇人ほどで回転する台の周りを「カニ歩き」しながらぐるぐる回り、配線をつなぐんです。台自身が回転するのに、どうして自分たちまでぐるぐる回る必要があったのか、わかりませんでした。その台も日本人の背丈に合わせたものだったので、腰も痛くなってしまいました。

配線というのも、端子に線を突っ込み、何重にもテープを巻いたり、とにかく指先を酷使する仕事でした。八時から残業が終わる二一時までの長時間労働で、翌朝は手が腫れて、指も曲がらなくなり、歯ブラシを持つことさえできなくなりました。

それでも、やはり不満があったのは、「カニ歩き」でしたね。でも、あとで聞いたら、信じられないことに眠気防止のためだったそうです。

そうした仕事で、時給は七八〇円でした。当初は、それが低い額なのだということもわからなかったんです。

残業が多いのはよかったんですが、毎月の月給から四〇万円が飛行機代として引かれ、ふとんのリース代なども加わって、手取りは月に四万円程度でした。なので、お金は全然貯まらなかったです。

変わらない差別とカルチャーショック

職場ではいくつもカルチャーショックがありましたが、一つきつかったのが、弁当です。工場の弁当が口に合わず、とにかくなんでもマヨネーズをかけて食べていました。安い弁当なのだから、おいしいはずがありません。工場弁当にトラウマを抱えて、今でも日本食が苦手だ、というブラジル人も多いです。

あと印象的なのが、日本人は「我慢」という言葉をよく使いますね。私たちからすれば「我慢」が好きなのかと思います。暦の上で秋になった頃、冬用の作業服が支給されたんです。その頃はまだ暑くて、私なんかはまだ必要ないと思ったぐらいなんですが、日本のみなさんはそれをしっかり着て、汗だくになりながら作業をしていました。ブラジル人は、もう少し臨機応変です。

それもまた、服を渡した上司に、気を遣ったのかもしれませんね。日本人は「相手の顔色」をとても気にします。ある日、親会社のお偉いさんが視察に来た時、その人の通る場所だけピカピカになるまできれいにしました。他の場所は、乱雑なままだったのに。それに、視察予定のラインには、外国人が配置されないようにしていました。

それと、職場にスキンシップがないことに違和感を覚えていました。ブラジルでは女性同士でハグやキスをしますし、男同士でも握手をよくします。それがないせいか、職場では一体感をあまり感じませんでした。

加えて、日本人同士は互いにおしゃべりをしているのに、ブラジル人の私語は禁止されていたのも、悲しかったですね。外国語だから耳につくのかもしれませんが、やはりそこには壁というか、差別を感じます。

なかなか慣れなかったのは、休憩時間です。少なくとも、私の働いていた工場では、四五分しかありませんでした。おかげでトイレには行列ができるし……。ブラジルでは二時間くらいあるのが常識なので、そこは慣れるまで大変でしたね。

職場では、他にも嫌な思いをいろいろしました。

背中をトントン叩いて歩く日本人社長がいて、その人がある時からお尻を触ってくるようになったんです。たまりかねて肘鉄を食らわすと、社長はひっくり返り、それからはピタリとやみました。

その社長は嫌な人でしたけど、工場長は五〇代の優しい日本人のおじさんでした。飲み物を差し入れてくれたりと、何かと気を遣ってくれたんです。

同僚にも、嫌な人はいました。たとえば、意地の悪い日本人のおばさんがいて、手紙を隠されたことがあります。あと、スイカがブラジルにはないと思ったのでしょうか。わざわざ皮の部分を「おいしいよ」と勧めてきたこともあります。さらには、急に「ブラジル人は汚い」などと掃除の時に怒鳴り散らされたこともあります。

先にデカセギに行っていた友達から「日本人は差別する」と聞いていたので、やっぱりかという思いはありましたが、やはり悲しかったですね。

それも今考えてみれば、仕事を奪われる不安と、南米から来た若い女子が大切にされることへの、嫉妬だったのではないかと思います。

来日して九ヵ月ほどが経った頃、姉が耐えきれずにブラジルに帰国しました。日本人が、ブラジルで想像していた「優しい人たち」とあまりにも違っていたこと。体力的に辛くなったことが理由です。工場の人たちはガンガン怒るし、いろいろと、溜め込んでいたのだと思います。

姉は休憩中にジュースすら飲まず、コツコツお金を貯めて飛行機代を工面しました。私は、そこまでする気にはなれず、お金がないので帰りませんでしたが、あれば帰っていたと思います。

その後、私は「カニ歩きをやめさせてほしい」、「弁当が我慢できない」といったように労働条件の改善を訴えたこともありますが、ついに改善されることはありませんでした。

そんな時、公衆電話で知り合った人たちに時給一〇〇〇円の仕事を紹介されたので、仲間の日系ブラジル人一五人と「夜逃げ」をすることにしたんです。転職をすると派遣会社が罰金をとるので、それしか手段はありませんでした。

そのために、決行一ヵ月前から綿密な計画を練ったんです。問題は、預けさせられていたパスポートだったのですが、これは「姉がまた日本に来る。保証人になるので必要だ」と嘘をついて、どうにか取り戻しました。

そして深夜に着の身着のままカバン一つで、家具家電は全部置いて、みんなでアパートから脱出しました。指定の場所まで行くと、転職先の派遣会社の人がバスで迎えにきていました。当然のことかもしれませんが、最後の給料はもらえませんでした。

「時給のいい仕事＝水商売」という噂を耳にしていたので、心配はもちろんありました。本当に堅気の仕事なのだろうか、と。でも、一五人という大人数で行けば大丈夫だと思ったんです。もしかしたら、その噂自体、引き抜きを警戒して派遣会社が流したデマだったのかもしれません。

アンジェロ・イシさん（五三歳）

来日当初は、自己紹介が面倒だったのを覚えています。自分の外見は日本人なので、「外国人です」と言うと、「中国人？　韓国人？」と訊かれます。それで「ブラジル人です」と答えると、混乱されます。今度は「ハーフ？　両親のどっちが日本人？」と訊いてくるので、「両親が日本人」と説明すると、「なんだ、本当は日本人じゃないか！」と勝手に納得します。

人種を気にしすぎる日本人

私は最初、留学生として来日していたのですが、大学の友人の中には、私の家の先祖が九州から出てきたことを話すと「たしかにアンジェロの気質は九州男児だね」とこれまた勝手に納得していて、こちらの方が困惑してしまいました。

他にも、これも友人なのですが、

アンジェロ・イシさん

「君の外見が日本人と一緒なので仲良くできた。もし一九〇センチの黒人だったり金髪の白人だったりしたら、自分は緊張したり劣等感を抱いただろうし、アジア人でもフィリピンとかから来ていたら、逆に優越感を抱いていたかもしれない」

なんて言われたこともあります。日本人は、顔の形や肌の色、日本民族の血が流れているかということにすごくこだわりますね。

それから、これは私の知人のブラジル人から聞いた話です――「日本はハイテクの国でそこら中にロボットがいる」と聞いていたが、就業先の工場では、どこにもロボットの姿がなかった。だが、休憩時間にトイレに行った時に鏡を見て、「あ、ロボットって自分のことか」と思い知らされた。

藤田パウロさん（七八歳）

日本人でも外国人？

日本に来て困惑したのは、まずは呼び方ですね。ブラジルでは「日本人」と呼ばれていたのに、工場では「外人」「ブラジル人」と呼ばれて変な感じがしました。

とはいえ、日本人同士でも差別があるんです。自分たちが差別されるのも当然だと、いつからか思うようになっていましたね。

他に、私たちが話す日本語は明治のままなので「ドライバー持ってこい」とか「ハンマー持ってこい」と言われても、意味がわかりませんでした。日系社会では「ねじまわし」、「金づち」なので。加えて、「日系さんは、話す時ギュッと目を見て話すので怖い」と言われたこともあります。ブラジルでは、目を見て話すのがマナーだったんです。

山川アリスさん（五〇歳）

私は日本語ができたので、職場では通訳を務めていました。その時によくあったことで、ブラジル人は日本語がわからなくても、クビになるのを警戒してその場では「わかりました」と答え、後で「今、なんて言った？」と訊きにきました。逆に日本語がわからないふりをして「九時に帰ってね」と言われたのに、朝まで残業する人もいましたけどね。

残業をむしろ望む稼ぎたい私たち

日本の方は、残業なんてしたくないと考えるかもしれませんが、私たちはむしろそれを望んでやっていました。当然ですよね。私たちは稼ぐために来ているんですから。

それを会社側もよくわかっていて、残業の有無は社長の一存でした。社長が気に入った可愛い子は残業がつきやすく、よく不公平だとブラジル人同士で喧嘩になっていました。

そんな環境ですから、ブラジル人が早く覚える日本語というのがあったんです。それは「ザンギョー」「シャチョー」「キュウケイ」「ジカンイクラデスカ」「ハヤク」「オソイ」「キケン」「キタナイ」とかの言葉ですね。

あと、工場を移動する時はもちろん、トイレの時ですら、いちいち安全確認の「よし！」という掛け声をするよう義務付けられました。それはさすがに、「ちょっと頭悪いな」と思いましたよ。日本人はきっちりしていますが、そうしたところでの柔軟性に欠けると思います。

伊藤コウジさん（四八歳）

見た目はガイジンさんでも、名前は日本人

就業先の木曽福島に着いた時には、「この田舎町で奴隷のように延々と働くのか」と暗澹たる気持ちになってしまいました。なにせ日本＝都会のイメージしかなかったので。

最初はホテルで働きました。調理や、片付けなんかの裏方です。名札には「外国人」と書かれていました。

名前で言うと、「ブラジル人なのに、なんで伊藤なの？」と真顔で訊かれたことがあって、その時はとても嫌な感じがしましたね。

逆にこちらから相手を呼ぶ時、「さん」づけなのか「くん」づけなのか、その違いがわからずに苦労しました。

その他の証言集

・アマゾンの小さな町から来日した時、よほど田舎だと馬鹿にされていたのか、日本人に「靴の履き心地はどう?」と訊かれ、職場では「アマゾン」のあだ名で呼ばれていました。上司の中に会話の頭に、必ず「アホ!」と言って喋りはじめる上司がいて、てっきり「アホ」は挨拶の言葉だと思っていたことがあります。ある時、その上司を街で見かけたので、大声で「アホー! アホー!」と呼びかけると、上司は自分を見て顔を真っ赤にして「あまぞ〜ん!」って返事をして走り去っていったのが印象的でした。

・ジーパンを作る工場で働いていましたが、女性の方が仕事も早くて丁寧なのに、なぜか男性の方が時給が高くて、不思議でした。ブラジルでは、男も女も一緒の賃金なのに。

・旋盤を使う仕事で、工場のマニュアルでは、ボタンを右手で押すか、左手で押すかまで決められていて、自分流にやるのは許されず、衝撃を受けました。

・休憩中に自販機で缶コーヒーを買う日本人に対し「あんたは日本人で、あたしらより給料もいいくせに、そんな無駄遣いばかりするから家の一軒も買えないんだよ！」と叱る日系ブラジル人がいました。

・電話対応において、
日本人：こんにちは！　社長さんはいらっしゃいますか？
ブラジル人：社長は出かけました！
日本人：みょうにち（明日）はいらっしゃいますか？
ブラジル人はアナウンスで「ミョウニチさんはいらっしゃいますか？」と連呼していました。

・ある日、給与明細を確認すると、残業代が未払いだったことがあります。日本語で「給料が足りない！」と工場長へ主張しにいったのですが、まちがって「キュウリ足りない！　キュウリ足りない！」と言い続けていました。工場長は大いに困っていましたが、同僚たちには大爆笑されました。ブラジルでは「キュウリ」というと卑猥な意味もあるのです。

・日本語がまだ拙かった頃、どうしても「トイレットペーパー」が覚えられませんでした。それである時、トイレに行ったらちょうど紙が切れていて、大急ぎで課長のところにもらいに行ったのですが、どうしても言葉が出てきませんでした。仕方がないので、目の前にあるA４紙を折ってトイレットペーパーの形にして、お尻を拭く仕草をしました。めちゃくちゃ恥ずかしかったですけど、今ではいい思い出です。

日本人の同僚は日系人をどう見ていたのか

- みんな日本人より真面目で、一円でも多く稼ぎたいから、「残業くれ！　契約違う！」とよく働いてくれました。ドブ掃除も片付けも嫌がらなかったので、会社は大助かりでした。
- 食堂が休みの臨時出勤日には、巨大なハンバーガーを弁当に持ってきていた人もいました。
- 送別会で、日系人の女性社員にハグされた時は、衝撃で棒立ちになってしまったことがあります。

第2章

生活

林ロベルト重良さん（六六歳）

私の名前は林ロベルト重良。今は豊田市保見団地の六区副長を任されている者です。

私は一九五六年一〇月一六日、サンパウロ州マルチノポリスで八人兄弟の四番目として生まれました。田舎町で日系人が多かったですね。父は和歌山、母は熊本の人で、家業として自動車修理工場をしていました。家の中では日本語を使って話してましたし、塾にも通って習っていました。ブラジルでは自分のことを「日本人」だと思っていました。なので日本で「ブラジル人」と呼ばれるのは、まぁ仕方ないことと割り切っていますが、でも「外国人」として見られるのには抵抗がありますね……。

家業のこともあって機械いじりが好きでブラジルでは航空機メーカー、エンブラエルでエンジニアをしていました。そこでは同僚の三割が日系人でしたね。こっちでは日系人の憧れの職業は、高給の「医者」か「エンジニア」だったので良い仕事を手にしたと喜んでいました。

でも三四歳の時にリストラされてしまいまして……。もう若くないし、当時のブラジルの経済状況を考えると新しい仕事も難しいと思って来日を決意したんです。

それで豊田市の自動車部品工場を紹介されました。派遣会社を通さず、自分で切符を手配して直接雇用されたんです。経済状況が落ち着くまでのつなぎとして三年くらいのつもりでした。

そうして一九九一年一月二五日に初めて来日したんです。遅れて三ヵ月後に妻と二人の子供も来日しました。

当時、来日した日系人で日本語を喋れる人は三割ほどでした。自分は不自由なく喋れたので最初は通訳にされそうになったのですが、つまらないので現場に回してもらいました。仕事は工場での「検査」や「段取り」などの単純労働から始まりました。

そうして時が過ぎ、目安としていた三年目になった時に正社員にならないかと誘われたんです。ブラジルはまだ不況の最中だったので、私は正社員になることを決めました。生活も落ち着いたので、定住を考え始めました。

「助け合う」日本のイメージは過去？

生活といえば、日本に来て色々とカルチャーショックがありましたね。

たとえば「スプーン」を「さじ」、「トイレ」を「便所」、「ＣＤプレイヤー」を「蓄音機」と言って笑われてしまいました。自分が習ったのは古い日本語だったのだと、こうして初めて気づきましたね。

ショックだったのが、その当時、日本人のブラジルのイメージは「アマゾン」「サッカー」「カーニバル」しかなくて……アマゾンのインディオのような生活をしていると思われていたんですね、そんなわけないのに。

さらに、日本人は外国人に対して上から目線で……親から教わった日本のイメージとは全然違いました。「助け合う」国と聞いていたんですけど、「冷たい」し「自分さえよければいい」という印象です。近所同士でも挨拶しないし、人間としての愛情も希薄ですね。日系ブラジル人は、会話の中でのボディタッチが多いです。日本では失礼にあたりますが、会話中に人に向かって指をさすのはブラジルでは普通のことなんですよ。

そういったことの理解が得られないのは本当に悲しいことです。日本人は、外国人との「問題を指摘するだけ」で自ら改善しようとか積極的に交流しようとは思わないようですね。もはや団地に暮らす日本人の高齢者を助けるのですら、日本人でなく隣の外国人になっています。

あと、日本人には「ブラジル人にはわからないでしょ」という態度の人が多いです。役所などで書類を出す時、馬鹿にされた感じもしばしばで、細かく説明もしてくれないです。

日本人との差といえば、これは団地の話になるんですけど、今でも団地の集会所を借りるのに日本人は一二〇〇円、自治会費を払っていない外国人は八〇〇〇円、と大きく違うんですよ。ブラジルでは誕生日を盛大に祝うので、団地の集会所で毎月二、三回、誕生日会が開かれます。

ブラジル人はビアガーデンの文化なので、喫茶店にも居酒屋にも行かず、ＢＢＱをします。これはもうお国柄ですね。土日は必ずといっていいほど友人や家族と親睦を深めるためにＢＢＱをするんです。

今もベランダでＢＢＱをするブラジル人がいます。先日もアパートで、孫が「おじいちゃん、いいにおいがするよ！」と言うのでふと見たら、隣家のブラジル人がベランダでＢＢＱをしていたんです。波風立つので見て見ぬふりをしますけどね。でも過去に消防車を二度も呼んだことがあります。

私も一八年前に永住の決意をしまして、現在の一〇五棟の分譲住宅を買ったんです。こっちの生活に慣れましたし、子供も大きくなりましたので……年を取っていくと、やはり帰れなくなりますね。でも、帰化はしていません。国籍を得ても選挙権くらいしかメリットがないので。

今思うこととしては、団地に三〇年もいて、何度も「場所はあるんだしＢＢＱ場を整備してくれ」と県にお願いしているのですが、未だに実現していません。所詮「外国人の訴え」だし、管理が面倒なのでしょうが、これだけ長く日本で暮らし働いていて、「ガス抜き」の場すら用意してもらえないのは、やり切れない気持ちになります。

鈴木マリーナさん（六一歳）

来日したのは一九九〇年。大学を卒業してから歯科助手として一〇年間働いた後のことでした。弟二人が先に日本に行っていたので、それを追う形でしたね。あの時は家族を経済的に支えるためとアメリカに留学して英語を習得してみたくて、日本で半年ぐらい学費を稼いだら、帰国するつもりだったんです。

それに、とにかくブラジルを出て広い世界を見たいという思いもありました。


日本に来てまず驚いたのは、茶髪の人が多かったことです。てっきり、日本人はみんな黒髪なんだと思っていたので。

それから、これは働いていた時のことですが、雪が降ってきたのを見た時は、感動しました。誰かが「雪降ってるよ！」ってポルトガル語で囁いたのを聞いて、みんなそわそわしてしまって。それで、トイレのふりをしてラインを離れて、生まれて初めての雪を見たんです。なんだか嬉しくて、帰り道では雪に寝そべったりしてしまいました。

トイレといえば、和式トイレを初めて見た時は衝撃というか、心底落胆しました。なんだか「自分は地球の裏側にまで、何しに来たんだろう」って思いになってしまって。というのも、ブラジルは基本洋式で、和式は本当に未開の地の簡易トイレのイメージだったんです。ハイテクなはずの日本で、それを見ることになるなんて。

鈴木マリーナさんと
息子さんたち

あとは、昼休みが四五分しかないのにも驚きました。ブラジルでは二時間あって、家に帰ってご飯を食べたり昼寝をすることもできたので。

月に一度の楽しみとして、家族に電話をした後に、レンタルビデオ店で洋画を借りて、ケンタッキー――これは、ブラジル人の口にも合うんです――を買って帰って、家でくつろぐことをしていました。

家族には、月に一度のペースで電話をしていましたね。もちろん基本的には公衆電話で。家族の近況や、仕送りが届いているかということを尋ねました。

土日だと、昼間から並んだこともあります。並んだ人全員に、話の内容は筒抜けでしたね。別に、嫌なんてことはありません。みんな、親身になって聞いていましたから。

一度、六年間付き合ったボーイフレンドと別れ話をした時は三時間も話しました。その時は寮の電話を使ったので多少安かったのですが、それでも三万円かかりましたね。

日本とブラジルでズレる価値判断

日本人は外国人との間に必ずと言っていいほど「壁をおろす」ように思います。外見は日本人の私が、アクセントのある日本語を喋り、外国人だと気づくと態度が豹変するんです。

たとえば、こんなこともありました。

電車を降りた時、切符を席に忘れたと気づいたんです。改札で駅員にそのことを伝えたら、疑わしい目で「買い直せ」の一点張りでした。買い直すのは構わなかったのですが「このブラジル人は嘘つきだ」という駅員の眼差しが悔しかったので、電話で席に切符を忘れていないか確認してもらうまで、駅に居座りました。無事に切符は見つかって、疑いを晴らすことができました。

あるいは私が日本人であれば、駅員の態度ももう少し違ったのかもしれません。そう思うと、なんだかむなしくなります。せめて私は、日頃からブラジル人のイメージが悪くならないよう、気をつけるようにしています。でも、このことがあってから、駅員は私を見ると挨拶してくれたり、乗換案内をしてくれたりと以前よりも親切な姿勢に変わりました。

それから、日本人とブラジル人の違いでいえば、一度日本人の同僚が入院したことがあったんです。それでカンパをすることになったので五○○○円出したら「お返しが大変だから、五○○円にして」と言われてしまいました。ブラジルであればお返しは不要だし、五○○○円の気持ちをわざわざ「五○○円にしろ」と言われるのは違和感がありました。

それと、これは産婦人科に勤めていたからよくわかることなのですが、日本では奥さん一人で検診に来ることが多いですね。ブラジル人は絶対に夫婦で来るし、時には大家族でゾロゾロやってくることもあります。実際、私が通訳をしていた産婦人科に日系ブラジル人の妊婦さんがやってくることがあるのですが、土曜日とかだと夫や親せきなどが一緒に大挙して押し寄せるので、「ここはブラジルか」なんて思うほど混むこともありました。でも、ただ来るだけじゃなくて、夫たちも、お腹の大きい妻の靴ひもを結んであげたり、とっても献身的なんですよ。

産婦人科に勤めていた時に日本人スタッフからひどい差別やヘイトスピーチを受けましたが、日本には私たち外国人を差別やヘイトスピーチから守るちゃんとした法律がないことも悲しかったですね。

結局私はブラジルに帰ることはなく、日本人と結婚しました。それから夫の実家に入り、その両親と兄弟たちをあわせた六人での生活が始まったんです。

最初は、本当に緊張の連続でした。さっきも言ったように、日頃から悪いイメージを抱かれないよう、気をつけていたので。身近な人には、さらに気を遣いました。そんな中で、姑にエプロンをプレゼントされた時は、ショックでしたね。ブラジルだと「もっと働け」の意味になるので、いまだに使えていません。もちろん、姑はそうしたブラジルの文化を知らずにプレゼントしてくれたのですが。

日本人はとにかく我慢強いのですが、ブラジル人はたとえ喧嘩になっても自分の思うことは言います。そうしないと、何も解決しないと考えるからです。このことが、日本人とブラジル人の誤解や摩擦を生んでいると思います。

それから、誕生日や父の日、母の日、クリスマスなんかは、ブラジル人はパーティを開いたりして盛大に祝います。時にはサプライズさえ企画したりするんですが、日本人はそうした習慣がなく、時々温度差を感じていましたね。

二人の息子にはポルトガル語を教えなかったので日本語しか話せません。自分が息子たちとポルトガル語で話したら、日本人の親に失礼と思ったからです。でも、ポルトガル語を息子たちに教えていれば、自分のことをもっと正確に伝えることができたり、息子たちもブラジル文化を理解し身に着けてくれたかもしれないと思うと、今さらですが後悔しています。

今年で日本に来て三三年になりますが、日系ブラジル人の移民として日本人と結婚して日本社会で子供を育てることはとても難しいことでした。実際、日系人とはいえ、日本の文化や習慣は知らないことばかりで今も新たな驚きがあります。日本人も外国人を受け入れる時に差別的感情が生まれるのは、やはり、言葉の壁はもちろん、お互いの文化、習慣、歴史などの情報をしっかりと理解しようとする姿勢が足らないのではと思います。相手のことをよく知らなければ信頼は築けませんから。

日本の政府は定住外国人を労働者だけで受け入れをしていますが、外国人も日本人と同じ地球に生まれ育つ人間ですから、日本社会でも日本人と同じように「人間」としての暮らしができるような社会になってほしいし、それが日本人にとっても絶対に良いことだと思いますね。

日本社会では外国人の子供たちはまだまだ生きづらい現状があります。自分は通信教育でブラジルの教育学を学びましたが、それと二〇年間の医療通訳の経験を生かして、これからもブラジリアンコミュニティの子供・若者や家族に対するサポートを続けていきます。

佐藤エリザ由佳さん（五五歳）

日本に来て驚いたことですか？

そうですね……私が日本でした最初の発見は「日本にはワサビのアイスがある」ということでした。日本に到着してワゴン車で成田空港から豊橋まで移動していた時のことなのですが、私はブラジルが恋しくなって後悔して泣いていました。それを見た運転手さんが可哀想に思ったのか、富士山がきれいに見えるサービスエリアでソフトクリームを買ってくれたんです。うれしかったのですが……。薄緑色のソフトクリームだったのでてっきりピスタチオ味かと思っていたら、それが「ワサビ味」だったのです。到着するまで、ずっと鼻がツーンとしていたのを覚えています。今もトラウマです。

豊橋駅に着き、迎えにきてくれていた父親にうれしくてハグしようとしたら、「ダメ！」と拒否されたので意味がわからずキョトンとしました。さらに父から「腕を出したらダメだ」と言われて（真夏なのでノースリーブだった）、この時「日本に来たんだな」と実感したものです。当時、日本にノースリーブの女の子は全然いなかったのですから。ブラジルではおばあちゃんでもビキニを着たりするくらいなのに。

私は父親から日本の「素晴らしい」イメージを聞いて育ったので日本の期待度はかなり高かった

です。しかし、「衛生的、時間を守る、きちんとしていて、働き者」などは確かにそうでしたが、何よりもあった「都会」のイメージは皆無で、工場も寮も田んぼの真ん中にあって愕然としました。

六畳一間に八人暮らし？

これは寮での暮らしの話ですけど、当初派遣会社が用意した四階建てのアパートで暮らしました。一般の日本人も住んでいましたが、アパートでは八部屋が日系人の部屋でしたね。時期をずらしてブラジルから交代で荷物を送ってもらうようにしたり、新聞を回し読みしたりしていました。

部屋ですが、女子八人で暮らしていたんです。私は従妹と姉と三人で、六畳間に川の字になって寝ていました。アパートのトイレと風呂は共同で、キッチンと洗面台はお湯が出なかったので、冬に皿を洗うのが辛かったです。八人に対してガスコンロは一口しかなかったので、満足に自炊もできなかったのです。

結構辛かった話ばかりしてきましたが、日本で良かったことももちろんあります。まず、夜、女性が出歩いても安全なことが衝撃でしたね。ブラジルでは考えられないことでした。雪が見たくて、新潟まで姉と二人でスキーに行ったこともありました。ブラジルにスキー場はないので。日本語がわからぬまま旅行代理店に行き、身振り手振りで一番安くスキーに行ける場所を探してもらったら新潟だったんです。バスから降りた瞬間に滑って尻もちをつきました。見様見真似でスキーをして、派手にリフトを止めたりしましたけど、とても楽しかったです。

　私は日本の家電が好きです。来日する時の飛行機で音楽を聴こうと、物価が安いパラグアイまでティッシュケースくらいの大きさのウォークマンを買いにいったのですが……日本に来たらものすごく小さいので驚いたものです。

　これはちょっとした話なのですが、近くの大学で「文化祭」があると聞いたので、バッチリ着飾って出かけたら、もう終わっていたことがありました。てっきり夜にやると思い、日が暮れてから行ったのです。それが残念だったと工場長に話したら、倉庫を貸してくれたので、ダンスパーティを開きました。

「二万円」の値札だった家具を「二〇〇〇円」と勘違いして店員を困らせたこともありますし、入院していた知り合いのおばあさんに間違えて仏花をプレゼントしてしまい泣かれたこともあります。

　それから、会社で忘年会があると聞いて、何かのパーティだと思

パンチパーマ前：左が佐藤エリザさん、真ん中が佐藤さんの姉、右が佐藤さんの従妹

パンチパーマ後：
左が佐藤エリザさん、
右が工場の事務員さん

いこんで、おめかしをするため美容院に行ったんです。ところがどうやら間違って理容院に入ってしまったようで。担当のおじさんに身振り手振りで「パーマ」と伝えたら、パンチパーマをかけられて、号泣しました。おじさんは一生懸命髪を伸ばしてくれましたが元には戻らず、それからしばらくは帽子をかぶって過ごしました。

こうして振り返れば、微笑ましい思い出がいっぱいでしたね。

船橋辰也ニルトンさん（五三歳）

私の日本での生活ですが、まず宿舎が最悪でしたね。

宿舎の大家は強面の変人でした。労働者の手配師も兼ねていましたね。靴を脱ぐと知らず、部屋に土足で入ってしまい、いきなり烈火のごとく怒られました。ブラジルでは、日系人が怒りに任せて怒鳴り散らすのを見たことがなかったので、かなりショックでした。

翌朝は六時に叩き起こされ、軍隊のように整列させられ、ゴミ分別をやらされました。違和感を覚えつつも、「日本は厳しい」と聞かされていたので、「これが日本か」と仕方ないことだと我慢しました。

宿舎の大家は独裁者？　差別との対立

大家は「買い物をする時は俺のシマでしろ」とか「夜一〇時過ぎたら消灯だ」とか小うるさい人で、それどころかブラジルから届いた手紙を勝手に燃やされたこともあります。

とにかく住まいの環境が最悪でしたね。一〇〇人が暮らす三棟ある寮で、日系人には一番ボロい棟が割り当てられました。カビの生えた六畳部屋を二人で使い、テレビもベッドもガスコンロも冷蔵庫もクーラーもなく、流し台は一つだけ。トイレも洗濯機も風呂もすべて共同です。それなのに寮費に六万円もとられました。

同じ棟の日本人は全国から集まった出稼ぎの者たちで、ガラが悪く同じ日本人と思えず、また向こうにも同じ日本人として見てもらえずで、本当に冷たかったですね。ブラジルでは泥酔した日系人など見たことがなかったですけど、彼らはあたりかまわず酔っぱらって怒鳴っていました。寮の日本人に、自分の洗濯物を途中で外に放り投げられ、勝手に洗剤も使われました。同じ日本人なのになぜ嫌がらせをするのか理解できず、我慢の限界でしたね。

日系ブラジル人は「汚いから」と風呂には入らせてもらえず、シャワーのみでした。また日系ブラジル人の女性は、なぜか全棟のトイレ掃除を命じられていましたね。

ある日シャワーを浴びていると、隣の日本人が「湯桶にシャンプーが入ったぞ」と怒り出しケンカになりました。ついに堪忍袋の緒が切れ、また腕に自信があったので、「やるか？」と拳を手の平に打ち付けるジェスチャーをしました。すると、相手は意外にもそそくさと逃げ出したのです。その日から、ブラジル人も風呂に入れるようになりました。いろんな意味で勝利でしたね。

　ちょっと笑える話なんですが、これは髪が伸びて仲間と「美容院」に行った時のことなんですけど、まずブラジルでは髪を切るのに男女の区別はないです。美容師のお姉さんたちに「髪を切って」とジェスチャーで伝えると、集まってザワザワ相談を始めました。結果「いいわよ」となったのですが、髪を切るだけだと思ったのに、いきなり頭のマッサージが始まってびっくりしました。耳のうぶ毛を剃りはじめた時は、全部剃られるんじゃないかと怖くて止めてほしかったですが、日本語がわからず、なすがままでした。それからは、床屋だったブラジル人の仲間に切ってもらっています。

　仲間とバス停にいた時、こちらにニコニコ笑顔で手を振る車が通りかかりました。手を振り返すと車は停車し降りて握手を求めてきました。「日本にもこんなにフレンドリーな人たちがいるんだ！」と感激しましたが、後日、選挙カーだったとわかりました。

バエッサ・ルーカス・ヤマカワ・カズオさん（三〇歳）

自分は日系三世で、母方の祖父母が日本人になります。山形県からの移民でした。父方は、イタリアとスペインからの移民です。来日したのは一〇歳の時。両親と一緒でした。

私のフルネームは、バエッサ（姓）・ルーカス（名）・ヤマカワ（姓）・カズオ（名）で、日本名とブラジルでの名前と、両方を持っています。なので、病院に行った時なんか、「ヤマカワカズオさん」と呼ばれて私が立ち上がると、周りの日本人がびっくりすることがよくあります。

自分は、いわゆる「日本人」には見えないんでしょうね。逆に「ルーカス・バエッサさん」と呼ばれると、今度は日本語が喋れるということでびっくりされます。

バエッサ・ルーカス・
ヤマカワ・カズオさん

ブラジル人だからこう、なんて当てはまらない

今でも、外見で判断されることは多いですよ。「サッカーうまいんでしょ？」とか「サンバ踊れるんでしょ？」とか、これまで何度訊かれたかわからないくらいです。

サッカーはたしかにうまいんですが（笑）。サンバは踊れないですし、そもそもカーニバルを見たことすらありません。

なんというか、「ブラジル人」といえばこう、みたいなイメージがあるんでしょうね。日本人は、そうしたイメージをブラジル人全体に当てはめたがるし、もっと言えば、ブラジル人なんだからこうなんだ、と思い込みたがる節があるように思います。

その方が安心するのかもしれませんが、移民の国のブラジルでは、個々の違いを前提に考えます。そもそもみんなルーツがバラバラなので、ブラジル人の場合は、ただ単に「生まれた場所がブラジルなだけ」という意識ですね。そして、一人一人に違いがあるのは、当たり前。

その点は、日本とは考え方が一八〇度違います。

あと日本についてのことでいえば、来日前は「日本のゴミ捨て場には、プレイステーションが捨ててある」と聞いていたので、よく探しにいきましたね。それくらい、豊かでモノがあふれているイメージだったんです。

さすがにプレイステーションは見つかりませんでしたが、それでもやはりモノは豊かだと思いましたね。

それから、これはちょっとショックだった出来事で、子供だったからといえばそうなのでしょうが、小学校で「殺す」とか「死ね」とかいう言葉を、簡単に口にするのに驚きました。あるいはそれだけ、日本が安全ということかもしれませんが。

世の中どんどんグローバルになっているのに、時代だけが変化し、人はあまり変わっていないように思える時があります。きちんと相手はどんな人か。外見ではなく、「心」を覗いてくれる人が増えたらいいなと感じます。

杉田友司さん（八三歳）

私は静岡県磐田市東武に位置する南御厨という地区に住んでいます。

単位自治会は九つで外国人居住者の多い、東新町団地自治会も含めた地区長を二〇〇二～二〇〇六年まで務めさせていただきました。

当時、外国人の多くは東新町団地に住んでいて、全二四〇世帯のうち、半数が外国人（三五〇人）でした。

かつては、東新町団地でも「あわやムシロ旗」の外国人排斥運動が盛り上がっていました。自分は「彼らは国策でブラジルに移住した日本人の子孫」であり「日本人だってブラジルに移住してブラジル人の厄介になった」、「挨拶から始めてコミュニティを作ろう」と日本人住民を説得して回りました。

ブラジル人はよく「日本人はなぜ挨拶しても無視するんだ？　なぜ我々を見ると、わざわざ遠回りしてすれ違わないようにするのか？」と口にしましたが、実際、高齢者を中心に「外国人が怖い」と距離を置く日本人が多かったです。それは団地で行ったアンケートにも出ていて、日本人は「外国人とまったく／なるべく関わりたくない」が六七・二％でした。逆に外国人は「日本人と関わってみたい」が八五％もいました。そうしたことから、地域の諸行事に外国人の方の参加拡大を、自治会も地域作り協議会も積極的に呼び掛け、交流を深めてきました。

共有が難しいゴミ出しルール

彼らが来て、特に問題だったのがゴミのことですね。

当初は分別が皆無で、不法投棄の山でした。「難しくてわからない」という外国人住民に、半年かけてレクチャーしたものです。全員が受けるまで毎週日曜、粘り強くゴミの現物を見せて分別を指導しました。おかげで皆が守るようになりましたが、残念なことに、リーマンショックで多くが帰国することになり、新しい外国人が来て、振り出しに戻ってしまいました。

現在でも熱心な自治会長さんがいて、朝、ゴミ捨て場に立ち、捨てにきた外国人に「これはダメ」、「これは何曜日」などと指導しています。

それと自治会というものが理解されなかったのも困りましたね。

「自治会とはなんだ？　なぜ金を払う？」とよく訊かれました。「防災訓練」や、夏に「流しそうめん」をしたり、「子供の花火」を買ったりするのだと説明するのですが、なかなか理解されません。日本を知らなければ当然わかってもらえないのです。なので、防災訓練にブラジル人にも参加してもらい、はしご車を呼んで五階からブラジル人住民の救出訓練を行いました。救出の瞬間、見学していたブラジル人たちが、一斉に拍手喝采をして、お国柄を感じました。ブラジル人の子供らを消防車に乗せ、「本日、訓練です！」とポルトガル語でアナウンスしたのも好評でした。

二〇〇六年から団地内の『磐田市多文化交流センターこんにちは！』でポルトガル教室と学習補習・日本語教室を開いています。きっかけはある夕方、学校帰りの小学三年生ぐらいのブラジル人の子供が泣いているのを見つけたことからです。「どうしたの？」と尋ねたら、「学校は嫌いじゃないが、行ってもわからない。学校には行きたいんだ」と訴えられたことから、「まだ他にもこんな子がいるんだろう」と市に要望したものが通り、設立されました。ここでは、小学生が学校帰りに寄って補習勉強をしています。外国人の子供たちの父母からも大変喜ばれていて、（現在は中学生の日本語教室の学習もあります）小・中学生四〇人が学んでいます。

　リーマンショック時は大人も「日本語を教えて」と大勢やってきました。再就職の面接を受けるにも日本語が不自由だと不利になるからです。

村上保雄さん（六九歳）

　私は東新町団地に住んで四〇年になります。役員を経て二〇一九年から自治会長になりました。八〇世帯のうち四〇世帯がブラジル人で六世帯がベトナム人、一世帯がタイ人になります。

　このブラジル人四〇世帯のうち半数は一〇年以上団地に住んでいて、残りの半数はまだ団地に来て数年ですね。ブラジル人世帯は入れ替わりが激しく、団地のルールを時間をかけて教え、ようやく覚えてもらったと思ったら引っ越してしまいます。新しく入ってくるブラジル人には、またイチから教えなければいけないのが悩みの種ですね。一九九〇年代当初やってきたブラジル人は、教育レベルが高くて貧困層ではない〝しっかりした〟人が多かったですが、だんだんと落ちてきた印象があります。「仮住まい」だからと、月に一度の一斉清掃にも参加してくれない人が増えました。

二〇〇八年のリーマンショック前がブラジル人も最も多かった時期で、増えるにつれ団地の治安が悪化しました。具体的には、ゴミのポイ捨てや駐車違反が増加し犯罪者が逃げ込んできたり、車が燃やされパトカーが重点的に見回るようになりました。

自治会長になったのは周りに推されてでしたね。正直言うと、ついに「順番が来た」という感じでした。でも引き受けたからにはと、私は三つの改革に乗り出しました。

①ゴミ分別の徹底
②自治会費の回収
③違法駐車の根絶

の三つです。

ゴミ捨て問題

団地でゴミを捨てられる時間は、前日夜一九時～二二時半、当日朝は六時～八時半となっています。それ以外の時間、ゴミ捨て場は施錠しています。しかし時間外にゴミを持ってきて、ゴミ捨て場の外に放置する人が多く問題になりました。

ゴミ問題改善のため、二〇一九年五月～一二月まで、朝と晩の一日二回、ゴミ出しのある日は（週に三、四回）雨の日も風の日も、家族で手分けして団地内二ヵ所のゴミ捨て場に立ち続けて、ブラジル人に分別と名前の記入を徹底指導しました。

一番初歩的なミスは「燃えるゴミ」に缶とビンを入れることでした。これはすぐ直せます。

次が「プラゴミ」に燃えるゴミを交ぜること。またペットボトルのカバーや蓋が「プラゴミ」だとなかなか理解してもらえないことでした。

これがわかってもらえたら、最後の難関がジャムなどの「ビンの蓋」（※正解は「金物ゴミで出す」）や、「缶コーヒーの蓋」（※正解は「缶と一緒に捨てる」）です。大変ですが辛抱強く教えていくしかありません。

一人の例外を作ると、必ず『じゃあ自分も』と、皆がルールを守らなくなります。根負けしないよう、時間をかけてわかってもらうことが肝心だと教えていきました。

右：東新町団地ゴミ置き場
上：毎日東新町団地のゴミ置き場の前に立つ村上保雄さん、福恵さんご夫婦

ある冬の寒い日にいつものようにゴミ捨て場に立っていたら、ブラジル人の男性があたたかいお茶を差し入れてくれたのです。本当に嬉しかったですね、まさに、ゴミの分別から生まれたゴミニケーションです。

こうしてゴミ捨て場に立ち会うようになって変わっていったのが、ブラジル人が顔を覚えてくれて、皆が挨拶してくれるようになったことです。

自分も彼らの言葉を覚えなければと思い立ち、「こんにちは」や「元気？」はポルトガル語で言えるようになり、妻の福恵はブラジル人から「お母さん」「おばあちゃん」と親しまれるようになりました。

自治会費の回収

ゴミ捨て問題が改善されると年六〇〇〇〇円の自治会費の未払いがゼロになりました。つまりお互いの信頼関係が重要だったのです。

そもそも団地にブラジル人が入る時、管理会社から「〇月〇日、ブラジル人が〇号室に入居します。駐車場は〇番です」という情報しか自治会には伝わらないのです。家族構成や名前すら「個人情報」なので教えてもらえない世知辛さがあります。

台帳は古い物しかなかったので、どの部屋に誰が入居しているか、国勢調査のように一軒一軒訪ねて、家族構成を聞き出しました。同時に自治会費を払ってもらうよう交渉して、根気よく自治会費とは何かの説明をしました。

また、お願いばかりではなく口癖の様に「大丈夫？　何か困ったことがあったら言ってね」と伝え、寄り添いました。それからというもの、やれ「配管が詰まった」とか「部屋が水漏れする」などの、よろず相談屋のようになってしまい、いつの間にか自治会費も払ってもらえるようになったという経緯です。

とにかくコミュニケーションがいかに大切かわかりました。

違法駐車の根絶

団地では一世帯＝一台の駐車場が割り当てられますが、それ以上の台数を停めたい場合、月三三〇〇円の有料駐車場を契約しないといけません。ですがブラジル人は使われていない駐車場に、隙あらば停めてしまうのです。

私たち夫婦は一年かけて違法駐車の車のワイパーにビラを挟み根気よく説明していき、最終的に二〇人以上の違法駐車のブラジル人に契約してもらえました。

なかには五台の車を違法駐車している大家族の世帯がいました。経済的にも苦しいとは思ったのですが、一人を許せば示しがつかないので、心を鬼にしました。

初めは何度説明しても「だって空いてるじゃん！」しか言わないブラジル人ばかりで、無性に腹が立ったものです。「有料」だと聞いたら、まず日本人なら絶対そこには停めないと思いますが、ブラジル人には少しも悪意が無いようでした。ある日たまりかねて強い口調で説明したら、「モシカシテオコッテルノ？」と聞かれて拍子抜けしました。あるいは今まさに違法に停めようとしている車を見つけたので、注意しようと走っていって捕まえたら「やあ！（また会ったね）」という感じなので憎めないのです。そのまま、自分の車に乗せて営業所に連れていき、無事契約してもらいました。

その他の問題

他にもＢＢＱ＆騒音が問題です。

先日、団地に来て一年くらいの陽気な一家が、友人を集めてＢＢＱをしていました。

煙がひどくて上の階のブラジル人からも苦情が来たので注意しにいったら、「あぁ。もう終わったよ！」と悪びれもせず返されました。だいたい二一時を過ぎると部屋に帰る日本人が団地だと多いのですが、ブラジル人は遅くまで集まって話しています。かつては、団地の共有スペースにコンクリートで作った椅子とテーブルがあり、そこで毎夜毎夜のドンチャン騒ぎをしていました。二三時を過ぎても、小さい子もいました。騒音被害で警察沙汰になったこともしばしば。

これらの問題も根気強く話していくしかないと思っています。

宮川絹代さん（七六歳）

私は愛知県豊田市の保見団地で二四号棟一～八階の組長をしています。

保見団地の第二四号棟に在住していまして、もう四〇年になります。現在、二四号棟で唯一の日本人夫婦ですね。外国人に囲まれて暮らしています。

日系ブラジル人からは「ミキちゃん」なんて愛称で呼ばれていますね。駆け込み寺……とまでいくかはわかりませんが、いろいろと彼らの相談に乗ったりしています。

お金を貸したり、保証人になったり、団地の外から知人が遊びにきて駐車場が必要な時や、生活保護申請時の役場との折衝、クレジットカードを作る時の代筆、少年院に入った子供の運動会に代理で参観に行ったり、また出院する時には身元引受人になったことも六～七回ありますね。コロナでは一〇万円の給付金の申請相談も多かったです。

保見団地24号棟

ちなみに私はポルトガル語が喋れないので、みな日本語で相談してきます。

日本人でも日系ブラジル人でも、「捨てる人は捨てる」

団地での生活では、やはり、一番問題にあがるのはゴミ問題ですね。昔はまったくゴミが分別されず、カラスが来て大変でした。その都度、ゴミ袋を開き、水道やガスメーターのレシートから本人を特定して会いに行って指導しました。その結果、今では九〇％の人が分別してくれています。

日曜日に団地での一斉清掃がありますが、参加する日系ブラジル人は二割程とかなり少ないのが課題ですかね。

団地前の広場やエレベーターホールに粗大ゴミが投棄されるのは昔からで、最近特にひどくなってきたと感じます。

ひどい話ですが、団地外の日本人が便乗して持ち込んだゴミも多かったです。ひどいものだと仏壇や、嫁入り道具らしきタンスなどが捨ててあったこともあります。

宮川絹代さんと
投棄された粗大ゴミ

夜こっそり車でやってきて、ゴミを一瞬で捨てて走り去るんです。結局、日本人も日系ブラジル人も「捨てる人は捨てる」ということです。

ただ、日本人は防犯カメラと世間体を気にしてコソコソ捨てるのが常ですが、日系ブラジル人は堂々と捨てていきます。堂々としている分、まだ好感が持てますね。当然、捨てられるのは困りますが。

「誰かが何かを一つ捨てたら、明日には二つになっている」のが団地の常です。

私は毎月、二四号棟の二〇世帯を一人で回って、自治会費（月一二〇〇円）や駐車場代を集金して広報誌も配っています。正直もう七〇歳過ぎなのでしんどいのですが、仲の良いブラジル人も多く、色々と頼られてしまうので頑張っているのが現状です。

自治会費は「給料前だ」と断られるのが定番となっていて、すんなり払ってくれるのは一〇〇軒中三五軒くらいです。

外国人にも二四棟の組長（各階ごとのリーダー）になってくれとお願いしていますが、「日本語が読めない」、「仕事のために来ているから」、「忙しい」などと断られます。その一方で、「もう一台駐車場をくれ」などの要求は多いですね。「もっと日本人の若者も入居させて」と県の担当者に何度も相談していますが、日本人は抽選に漏れるので入れないと言われます。入れるのは高齢者くらいですね。

いつの間にかブラジル人が大家族になっていることも多いんですよね。

というのも、家賃が安くなるため、母子家庭での入居が多いのですが、実際には後から夫がやってきて三人になり……それだけならまだしも、いつの間にか親戚や友人が加わって七~八人で住むケースが多いです。

「トモダチなのですぐ帰る」と言いながら、ずっと住んでいます。彼らの事情もあるのでしょうが、その「トモダチ」たちが、自分の車を歩道に停めたり、花壇に停めたりしてさらに問題になります。

そして、部屋のまた貸しも多いです。いつの間にか知らない人が住みはじめて、訪ねてみたら以前住んでいた人の友人で「一五万円払えば住んでいいと言われた」と言うのです。家具付きで一五万円は魅力的だったのでしょう。それがダメなことを知らない人も多いため、悪気はないんですよね。

ブラジル人の住人と仲良くなって他にもわかってきたことがあります。

まずブラジル人は倹約家が多い気がします。お金をおろす時も使い過ぎぬよう、二〇〇〇円、三〇〇〇円ずつ、少額ずつおろしますし、たいがい貯金していますね。

あと、意外にもブラジル人同士も騒音が原因で喧嘩になります。エスカレートすれば車が燃やされたりなんてことも……。日本人が間に入り仲裁するのがベストですが、最近そういう人がいなくて困っています。

それと、これは嬉しいことなのですが、仲の良いブラジル人の奥さんがよく食べ物を持ってきてくれます。ただ、何か「やましい」お願いがある人やワイロ的に食べ物を持ってくる人もいます。そんな時は受け取りません。

ペットが禁止なのに、隠れて飼う人も多いです。ただ、これは日本人にも多く当てはまっているので、人種は関係ないですね。どっちにしろ飼われるのは困りますが。

団地や住まいをめぐる証言集

・日本のアパートは狭くて天井も低く壁が薄いです。大声で話していたつもりはないのですが、警察が来て「静かに」と言われました。なぜ直接、自分に言いにこないのか、不思議でした。ブラジルでは知らない人でも、目が合えば挨拶します。日本だと、不思議な顔をされてしまいますね。

・日系ブラジル人のたまり場だったスナックに行った時の話ですが、日本語の殴り書きで「外人に告ぐ。うるさくて一晩中眠れない。自分の国に帰れ」というビラが貼ってありました。そのビラの隣には、あとから日系人が貼ったであろう別のビラがあって「なんとバカな日本人。外人は日本語が読めないぞ！」とありました。日本人は、顔が似ている日系ブラジル人は、漢字も読めるのだろうと錯覚してしまうのでしょうね。

・私の住む団地は、この五～六年で落ち着いてきた、という印象です。日本人である私からは確かなことはわかりようもないですが、「悪い人」が淘汰されたというか……日本になじめない人が去っていった感じですかね。かつてはブラジル人は固まって大騒ぎし、ベランダから煙草が降ってきたこともありました。日本のルールを教えずに売りっぱなし、住ませっぱなしの派遣会社や不動産屋が良くないと思います。わからないのは当たり前なので、詳しく説明するべきです。

団地の外の人間がブラジル人のせいにしようと不法投棄した例も多くあります。

会社の名義で部屋を借りている場合、実際は誰が住んでいるのかわからず、国勢調査を手伝った時、名簿と名前がまったく一致せず大変でした。

あと、なんでも分け合うのが、日系ブラジル人の美徳だと思います。缶ビールでもなんでも、必ず分け合います。あとは面識がなくても、すれ違う時に手を挙げて挨拶してくれるのも嬉しいですね。

・九〇年代はゴミステーションに行くと、冷蔵庫・電子レンジ・ソファー・マットレス・イス・

机・ベッド・洗濯機・テレビ・コンロ・扇風機・クーラーと、家具一式揃うくらい大量に粗大ゴミが捨ててありました。当時はシールを貼らずとも、指定の日に捨てることができたんですよね。

・分別が不十分だったようで、夜、帰宅すると、部屋の前に朝出したゴミが置かれていたことがあります。誰が戻したかわからないですが、いつも誰かに見張られている感じがして嫌でした。

・日本人は何か用があって訪ねてきても、部屋の中に入らないのが不思議です。「中でコーヒーでも飲んでいって」と招き入れようとしても頑なに断ってきます。

・日本だと何年も同じ部署で働いている同僚同士が、互いの家を訪問したことがないのは当たり前ですよね。近所の人も名前だけで顔を見たことがないですし、人間関係の欠如を感じずにはいられないです。

ブラジルでは砂糖や料理油を切らしたら、隣家に借りるのは恥ずかしいことでもなんでもないことです。ここではそんな屈辱的なことを頼むくらいなら、「ハラキリ」した方がいいとでも思っているかのように感じます。

こんな日本のイメージは、親たちから聞いたことがなかったです。いつからか変わってしまったんですかね。

第3章 公衆電話

佐藤エリザ由佳さん（五五歳）

そういえば、先ほど公衆電話の話をしましたね。そう。私にとっては、「夜逃げ」のきっかけにもなったところです。電話についても、いろいろと思い出がありますので、少し話してもよろしいですか？　私たちが働きはじめた頃は、気晴らしなんかができる場所もなくて、そんな中で給料日に公衆電話に並び、家族に電話することが、私たちの楽しみだったんです。

そこで辛いことを、全部吐き出してしまうようにしていました。なので、電話をするたびに号泣していましたよ。

特に、来日して最初の頃ですね。以前もお話ししましたが、来日当初は会社に母語であるポルトガル語を禁止されていたので、会社ではまだ慣れていなかった日本語を、どうにか駆使して働いていたんです。だから、公衆電話の場で同じブラジル人に会うと嬉しくて、やっぱり泣いてしまいましたね。ポルトガル語を聞くだけでも、とても懐かしく感じられたんです。

公衆電話では二三時から電話料金が半額なので、基本的に二二時から並びはじめるのが、通例でした。暗黙のルールみたいなものですね。

ただ、その時間は私たちにとって、ある意味で都合がよかったんですよ。というのも、日本とブラジルの時差は一二時間ほどです。つまり、日本の夜間帯はちょうどブラジルの昼間になるんですよ。なので、ちょうどよかったんです。

料金は高く、列も長くなる公衆電話

豊橋市にいた頃は国際電話ができる公衆電話が駅前と繁華街の二ヵ所にしかなくて、その分、列も長くなるので、待つのが大変でしたね。

それに、当時は国際電話料金がとても高くて。二〇分……二〇〇〇〇円ぐらいだったでしょうか。けっこう残業なんかも頑張っていたつもりなんですが、それでも五～一〇分程度しか話せませんでした。だから、時間には気をつけないといけなかったんです。もっと話したいことがあったのに、時間を意識していなくていきなり切れてしまった時なんかは、名残惜しくて、何か押しつぶされそうな気持ちになってしまいますから。

来日する前に別れたボーイフレンドとも、時々電話をしていました。その中で、衝撃的な報告をされたことがあります。

日本に来て、半年くらいした頃だったでしょうか。不意に彼から、新しく付き合い始めた人がいると告げられたんです。彼とは遠く離れていたので仕方がないと思いましたがとても辛い思い出です。

さらに公衆電話の前は、いわゆる井戸端会議の場、情報交換の場でもありました。どこの会社がブラックだとか、高給だとかの話はもちろん、どこの八百屋が安いとか、家電や家具を拾える場所とか、とにかく生活に役立つ情報が飛び交っていたんです。あの頃の生活を維持するためには、そうした公衆電話前の交流は、決して欠かせないものでした。

というのも、派遣会社から家電なんかを借りると、レンタル料金が取られていたんです。当然と言えば当然ですが、それが意外と苦しい。そこにかかるお金を節約できれば、家族と一分でも長く会話をすることだってできるんですからね。

だから、公衆電話前で仕入れた情報をもとに、ゴミ出しの前夜に友人といろいろなゴミステーションを回り、冷蔵庫やテレビ、家具なんかを拾い集めていました。

もちろん、その場で動くかどうかの確認なんてできませんから、とりあえず拾ってみて、ダメだったら捨てることの繰り返しです。きちんと動く家電に巡り合った時なんかは、本当にお宝を発掘したような感覚で……なんだか、懐かしいです。

そうして公衆電話通いを続けていた中で知り合った人から、ある時、「時給一〇〇〇円」の仕事を紹介されたんです。

そして、私たちは仲間の日系ブラジル人一五人と「夜逃げ」をしました。派遣会社は転職をすると罰金をとるシステムだったので、それしか方法がなかったんです。

ジュニオール・マエダさん（四七歳）

父が日系ブラジル人で、母がイタリア系のブラジル人です。来日したのは、一四歳の時。最初は、工場で働いていました。

私は写真家なので、日本に「デカセギ」に来た日系ブラジル人の三〇年間の生活を写真撮影で記録しています。

電話は、毎月一回、日曜日の深夜にブラジル人の家族に駅近くの公衆電話から国際電話でかけていました。他の人も話していたかもしれませんが、深夜だと電話料金が割引されて安くかけることができたんです。しかも、時差の関係でブラジルは昼間なので、家族が揃っていることも多くて、みんなの声を聞くのが楽しみでした。

話題なんかは、本当に大したことない、ちょっとした生活の変化だったり、そんなことがほとんどです。それで十分だったんですよ。

公衆電話の前は、いつも長蛇の列で、本当にいろんな人がいましたね。その中で、泣いている人はけっこう多かったように思います。

ジュニオール・マエダさん

もちろん、嬉しいからっていうのもあります。

ただ……ブラジルって遠いし、簡単には戻れないじゃないですか。それで、離れて暮らしていると、あっちにもいろんなことが起きてるわけです。嬉しいことだけじゃなく、悲しいことも。

たとえば、ブラジルに残っている家族の誰かが病気になったとして。向こうとしては、こっちに心配をかけたくないから、知らせないんです。それに、仮に知らせたとしても、すぐには戻れないことを、向こうもわかっていますから。だから、病気になったとかそういうことは、あまり言わない。それでいきなり「亡くなった」って知らされたりすることもあるんです。

……そう言われた時、どんな思いになるか、想像できますか？

私がそばにいられればって後悔する人もいると思いますけど、だからってそう簡単に帰るわけにもいかない。日本に来るっていうのは、そういうことなんだと思います。

高価な電話代の陰で流行する偽造テレカ

さっき通話時間の話をしましたが、当時テレフォンカードは一〇〇〇円分のもので、一分しかもちませんでした。アマゾンの僻地なんかに電話をしたら、それがいっそう短くなります。でもやっぱり、こちらとしては少しでも長く電話をしたいわけです。

そういう思いにつけ込んでというか……偽造テレカが、流行っていました。少額で何度も電話ができる画期的なものです。

ただ、便利な分、その違法性も理解していました。だから、私の身近には、たとえ手を出したとしても、長く使う人はいませんでしたね。

家族のためにお金を稼ぎにきたのに、逮捕されて職も家族との連絡手段も失ってしまうのでは、元も子もありませんから。

行列に並んでいる時は、次の番になった時が一番楽しかったですね。前の人の会話を盗み聞きする、というのも一つの娯楽だったんです。

受話器にキスをして妻に愛を語ったり、エッチな会話をしている人もいました。一方で、浮気が発覚したり、仕送りしたお金を使い込んでしまった家族に激怒して、受話器を叩きつけたりしている人なんかもいたので、本当に天国と地獄を見ているようでしたよ。

一九九二年に私は携帯電話を買いましたが、ブラジルにはかけられないので、通話相手は、同じく日本にいた父のみでした。

それから、電話だけでなく、手紙を出すこともありましたよ。重さで送料が高くなるので、薄い紙に、なるべく伝えたいことをぎっちりと書いて、一枚にまとめました。使い捨てカメラで撮った写真や使用済みのテレカなんかを元気にやっている報告として、同封したりしましたね。

井上〝ロベルト〟健一さん（六九歳）

私は一九五四年一月一八日に鹿児島で生まれました。なので、国籍は日本になります。五歳の時にブラジルに渡り、以降はサンパウロで暮らしました。このRoberto（ロベルト）はあだ名であって、正式な名前ではありません。ブラジルにいる時は、自分を日本人だとも思っていました。パスポートも日本でしたし。

私がブラジルにいた一九六〇年代は、ブラジルで日本語を喋ると、ブラジル人に嫌われてしまって、商売になりませんでした。なので、両親とも必死に勉強してポルトガル語を覚えていましたね。

一九八六年頃に、両親が一時帰国することになったんです。当時まだチケットは高額でしたが、両親のためを思ってどうにか用意しました。

ところが、いつまで経っても帰ってこないので、それを追うように私も三五歳で妻と共に来日したんです。

私はひどくひどく心配していたんですが、いざ父に会うと奈良で建設の仕事をしており、「儲かるぞ」とニコニコしていました。

結局私はそれから、車の塗装の仕事をしました。時給は九〇〇円でした。もともと、日本の滞在は二年のつもりでした。

ブラジルでは大卒なのに、日本語の読み書きができないのが悔しく、悲しかったですね。ブラジルで文盲というと、本当に最底辺の人たちです。なので、テレビのニュースなんかで、必死に覚えようとしましたね。思えばちょうど、両親と同じようなことをしていたと言えるかもしれません。覚える言語は、真逆ですが。

それで、二年目からは運送会社で詰め込みの仕事を始めたんです。作業も楽で、それでいて時給が一七五〇円とよかったんです。それもあって「もうちょっといよう」と思いました。レストランは、二五年前に始めました。

ブラジルの兄弟たちと過ごすあっという間な一時間

そうした生活の中で、公衆電話にはしょっちゅう行っていました。妻と並んで、妻と一緒にボックスに入って、ブラジルにいる兄や友人たちと話すんです。

特にその運送会社で働き出してから時給がよくなったこともあり、本当にしょっちゅう行って、一時間くらい喋ることもけっこうありましたね。一時間というと、ずいぶん長いと思われるかもしれませんが、楽しい時間はすぐに過ぎるというのは本当の話で、私たちにとってはその一時間も、あっという間のことだったんですよ。

ヨウコのパパさん

私は妻と五人の子供を残して来日しました。三二万円の月収のうち、二五万円を仕送りしていました。

楽しみの一つが、家族からの手紙でした。長女から「お誕生日おめでとう」とか「体に気をつけて頑張ってください」とか「大好きなパパへ」なんて手紙が来ると、どうしようもなく会いたくなってしまいました。ええ、本当に一人で来るもんじゃありませんよ。もう一人で来ようとは、とてもじゃないけど思いません。

それでも、そういう思いをかかえながら働いて、月に一度だけ、公衆電話から五〇〇〇円のテレフォンカードでブラジルの家族に一〇分の電話をかけるんです。

「ヨウコ？　パパよ。みんな元気？　勉強はどう？」

「大丈夫。元気よ。今度ね、日本語の？　能力試験を受けるの」

「今度は何級受けるの？　二級？　そりゃ頑張らないと。帰る時は、とびきりのお土産、買って帰るからね。それから――」

カード切れのブザー音。……決まって、そういうところで鳴るんです。それで、もう聞こえないとはわかっていながら、「それじゃ。チャオ……」って呟くんですよ。

日本に来た時には、日本語は何も話せませんでしたね。ええ、一九九一年です。

それで、最初に学んだ三つの単語が、「テレフォンカード」、「三〇〇〇円」、「五〇〇〇円」でしたね。

なんでこの三つだったかは、よく覚えていません。高額なことが、衝撃だったからか……ただでも、とにかく家族に電話がかけたかったんです。たとえどんなに高価でも、それらを使えば、家族の声を聞くことができましたから。

そうして家族の声を聞いて、舞い上がっていたんでしょうね。一度、財布を電話ボックスに置き忘れてしまったんですよ。たぶん、多くのブラジル人が経験したことなんじゃないでしょうか。それだけやっぱり、夢中になる時間だってことです。

私の場合は、最悪なことに、その日は給料を受け取っていて、全額が財布に入っていたんです。二五六〇〇〇円。今でも、はっきり覚えてます。

翌朝にようやく気がついて公衆電話に駆け込みましたが……当然、財布は見つかりませんでした。

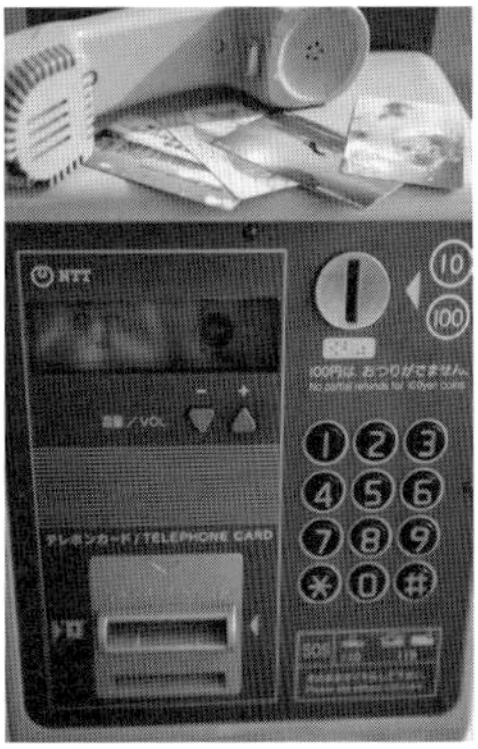

長く話すため、テレフォンカードはいつも電話の上に積んでいた

その時の悲しみをなんと表現したらいいでしょう。一瞬にして、私は全てのお金を失ったのです。悲しみのまま仕事に行くと、私を担当してくれていた人から、声をかけられました。よほど、ひどい顔をしていたのでしょう。

事情を話すと、その人は警察に報告すると言ってくれました。

そしてその夜、驚いたことに彼から財布が警察署に届いていると告げられたのです。

ただ、財布だけが戻ってきても、と私は喜びきれませんでした。ブラジルでは、それこそ奇跡でも起きない限り、お金がそのままであることはないからです。

ですが、また驚いたことに、返された財布には、お金やカードといった全てが揃っていたのです。

それから警察は、見つけた人の住所や電話番号も教えてくれました。

後日、私はその担当者と一緒に拾ってくれた人に感謝を伝えにいきました。

私はたった一人で日本へとやってきたので、本当に心細かったんです。ですが、そうした素晴らしい人もいるということを知れたことが、私の心の支えになっています。

遠いブラジルと繋いでくれる公衆電話

・電話をかけることには、本当にたくさんのお金を使いました。たしか……毎月三万くらいだったと思います。正直かなり苦しかったですが、それでもやっぱりかけずにはいられませんでした。それから一年ほど経って、料金が一万円に下がった時には、もうお金を気にしなくていい、と本当に嬉しくなりましたね。

テレフォンカードは、コレクションとしていまだに持っています。電車のものとか、風景のものとか。カテゴリーに分けて、大切に保管しています。

・私はいつもと言っていいほど公衆電話から電話をかけましたが、日本の冬の時期、クリスマスや正月の頃は寒い中、ひどい時には雪の中で長蛇の列を待たないといけませんでした。一方、ブラジルは夏で、家族はお祝いをしていて、パーティの声や歌う声なんかが、電話の向こうで聞こえました。それを聞きながら、私は一人で、涙をのみこみました。ただ、彼らもまた私がいなくて寂しいと言って泣き、私に「戻りたくないのか」と尋ねてくることもありました。耐えていたのは私だけではなく、彼らも耐えていたんです。それから私は家に帰り、隣人に聞こえないよう、ベッドでそっと泣きました。

今はもう、誰もが携帯電話を持ち、ビデオ通話なんかも簡単に行うことができます。連絡をとるのが、はるかに簡単になりました。当時はそうではなかったので、私たちは旅費の借金を返すことと食べること以外のお金はとにかく節約していました。そうしてどうにか、家族に連絡をとっていたんです。

とても困難な時代でした。でも、あの時代に戻りたいという気持ちもあるんです。

・日本に来た最初の頃は、チケット代を返すのに必死であまりお金をかけられず、母に電話をかけることができませんでした。私自身、大丈夫だったのでそれほど気にしてはいなかったんですが、家族は心配してたんですね。

ある日、仕事をしていた時に、工場の事務所で電話に出るように言われたんです。出てみると、なんと母でした。心配して、かけてきたんです。それからは、私から電話をするようになりました。

・公衆電話で電話をかけるようになって、最初は一〇〇〇円のカードしかなかったんですが、それから五〇〇〇円のカードが出回るようになりました。

それでも、イラン人の売るカードは一〇〇〇円で一〇枚、しかも二、三回繰り返し使えたんです。だからそれを使って姉に連絡していたんですが、やっぱり逮捕されるんじゃないかという不安は、常にありました。

そのこともあって、ブラジルに直接電話をかけられる回線を購入したんです。料金は一五万円でした。

現在では、Wi-Fiなんかを介して、自宅で余計なお金を払うこともなく、相手の顔を見て話すことができます。

ただ……公衆電話のところに行くと、いつもブラジル人がいて、いろいろ話すことができて、それも楽しかったんです。

今では、おやすみを言うような相手もいないので、むしろあの頃のことを、なつかしいと思ってしまいますね。

家族への思いを手紙に書いた

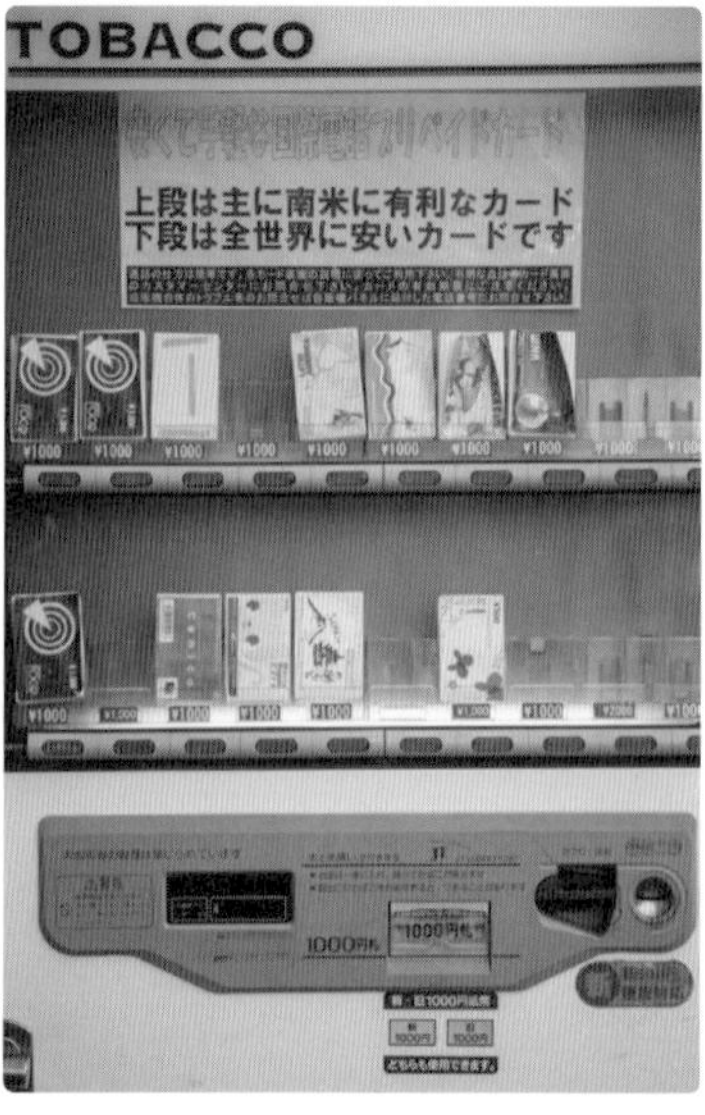

テレフォンカードの自動販売機

第4章 リーマンショック

ジュニオール・マエダさん（四七歳）

ホームレスか、帰国か――迫られる選択

リーマンショックの時はひどいものでした。周りの人は職を失い、住んでいたアパートを追い出されて、橋の下で暮らす人もいたくらいです。空港、駅にも人があふれていました。若者や新入りの人から順番にクビになっていきました。派遣会社が条件の悪い派遣先に変更して、自主退社を待つということもありました。リーマンショックが長引くと思ったので、多くの人が手ぶらで帰るよりはと政府から三〇万円をもらって帰国しました。

船橋辰也ニルトンさん（五三歳）

再スタートの難しい「派遣切り」

急な派遣切りで私の周りなんかは、三人に一人はブラジルに帰っちゃってましたね。二〇〇九年

の一年間だけで、六〇回ほど空港までお見送りに行きましたよ。その時、自分は何もできない弱い存在だなあと感じて悔しかったです。

それでもリーマンショックの時は、クビになっても皆まだ四〇代だったから望みがありましたが、コロナの今はもう五〇、六〇代です。再スタートが難しいのでとても心配しています。

その他リーマンショックの証言集

・会社のアパートを追い出された家族が、橋の下で暮らしていました。教会の人が面倒を見て、弁当や水の差し入れをしていたのを見たことがあります。

・両親が派遣切りにあった時、自分は一七歳で専門学校への入学が決まっていましたが、進学をあきらめ、夕方四時から深夜までパチンコ屋でバイトしました。当面の家族の生活費を稼ぎ、やっと建てた一軒家のローンを払ったのです。進学を断念したのは、もうしょうがない、どうすることもできないという感じでした。自分が働いて両親、弟、妹を支えない限りは、もう食べていくのも多分無理でしたので。とにかく必死でした。

・私は三〇歳の時に来日して、溶接工の仕事をしていました。いい時には、連日七時間残業をして、月に五〇万を稼いでいたんです。ですが、リーマンショックで仕事と住まいを一瞬にして失ってしまいました。それからは交通手段もなく、毎日一〇時間以上歩いて、愛知県中のハローワークをめぐりました。……一〇時間ですよ？　それだけの時間があれば、いったいどれだけのお金が稼げるか。しかも、申請書に書いた名前を見て、ブラジル人だとわかると……それだけで、拒絶されてしまうんです。二〇年日本で働いてきたのはなんだったのか。プライドも何もかもボロボロにされて、本当に命を絶ってしまおうかとも思いました。結局、私は給付金を貰って帰国しました。「日本はもういい」と思ったんです。

・子供を大学に進学させるために日本に来たのですが、来日して間もなくリーマンショックにあいました。来日費用の借金もあったので必死に仕事を探しましたが、電話をしても「日本人顔ならよかったのに」なんて言われるんです。顔？　そんなの、どうしたらいいんです。その時は怒りがおさまらなくて。それでも、少しして落ち着いてくると「整形しようかな」なんて本気で考えましたよ。その後は、アルバイトでわずかな収入を得ました。そのバイトも、帰国するブラジル人の家を片付けるというもので、虚しさしかありませんでした。

・リーマンショックの時に、ぜひ残ってくれと工場から頼まれるような人は少ないです。みんなバカじゃないから、学歴のない自分らがブラジルに帰ってもロクな仕事に就けないことはよくわかっていました。日本語もポルトガル語も、それなりに喋れたとしても、ちゃんとした読み書きはどちらもダメな人がほとんどです。ブラジルに帰るより、日本に居た方がいいと思っている人が多かったですね。できそうな仕事を紹介しても、計算してみたら生活保護の金額の方が多かったりして……それなら生活保護がいいと断られるなんて話もありました。

コロナ禍において

私は派遣労働者として二五年間、工場で働いてきたのですが、去年の三月に会社から突然、ある書類にサインするように求められました。それは退職合意書でして、そこにはなんと「円満退職した」と書かれていて目を疑いました。日本で暮らしている年月と捧げてきた気持ちに対して、なんの保障も感じることができませんでしたね……。

もう少し話をしたかった
川口祐有子さん（四七歳）

その日（二〇一〇年二月四日）は、早朝に警察から電話がかかってきたんです。警察と言うんで、最初は驚きましたよ。それでよくよく聞いてみると、あなたの名刺を持って亡くなっている人がいて、身元を証明するものが何もないから、とりあえずあなたが九番団地に来てくれませんかってことでした。

それを聞いた時、とても嫌な予感がしたんです。まさか、と思って行ったら、公園のベンチのところに、ブルーシートをかけたご遺体があったんです。シートは全身にかかっていたので、本当に、最初は誰かわかりませんでした。

でも、ベンチの近くにあった杖が、ぱっと目に入ったんです。それを見た時に、「あ、フラビオさんかな」と思いました。ただ、ベンチの周りにはお酒をたくさん飲んだ跡があって。「あんなに飲むかなぁ」って、半信半疑でした。それでもやっぱり、その杖は彼のものでしたから。なくても歩けていたし、たまに使っているのを見たぐらいでしたけど、やっぱり、彼の寝床に必ずあったものなので。

それで、警察の方に「お顔を確認してもらえますか？」と言われて自分で……そう、自分でめくったんです。それで……なんて言えばいいんでしょう。あんまり亡くなった方の顔をこう、まじまじ見ることって、あんまりないと思うんですけど……すごく真っ白っていうか、真っ青っていうか……氷みたいな顔をしていて、ちょっと口をすぼめたような感じで……「ああ、寒かったんだろうな」って、それを一番に思いました。

それからなかなか言葉が出なかったんですけど、警察の人にもじっと見られてたんで、とにかく「あ、知り合いです」って口にして。続けて上半身を見たんですけど、すごい薄着だったんです。本当に薄い格好で、なんでいつも着てたジャケット着てないのかなとは思ったんですけど、周りを見てもなくて。だから……本当に、寒そうでした。

そもそも、その日はすごく寒い日だったんです。たしか、名古屋でも珍しく気温がマイナスまでいって。そんな中ですごい薄着で、まちがいなく寒かったはずです。だから「寒い」って震えてるフラビオさんの姿が浮かんで……。

それに、さっきも言ったようにお酒をたくさん飲んだ跡があって、それはもう、なんというか、ほとんど自殺のようにしか見えない状況だったんです。突然死とは聞きましたけど、私の頭にはどうしても、その震えるフラビオさんと、数日前に会ったフラビオさんのイメージが、ぐるぐる、ぐるぐる回ってたんです。

はい。私たちは、数日……二日前ぐらいだったかな？　にも会って話していたんです。というか、たびたび私たちは話していましたから。

それを、周りの人たちもわかっていたんでしょうね。当日は平日の朝だったこともあって、色んな人に見られていたと思うんです。それで、私が顔を確認してるのを見て、「ああ、フラビオさんだったか」ってわかった人もいたはずです。私はなんかショックで、言葉も出ない状況だったんですけど、それからいろんな人たちから声をかけられました。それでもフラビオさんの顔を思い出すたびに……なんと言ったらいいんですかね。やっぱり、うん、「私が悪かったなぁ」としか思えないですね。本当に、後悔しています。

フラビオさんは、よく公園のベンチに座っていました。ここ、日が当たると暖かいですからね。それで、子供たちが遊んでるのを見てましたね。最近はスマホやゲームばっかりで、遊ぶ子供なんて全然いないですけど、一〇年前は遊ぶ子供であふれてたんですよ。それに、赤ちゃん連れのお母さんとか、いろんな人たちが、団地の真ん中にあるこの公園に集まっていて、それで、フラビオさんは邪魔にならないように端っこの方のベンチとか、石のところとかに座っていましたね。

……いや、いつもってほどだったのかな。基本的には、どうなんでしょう。実際のところ、私も彼とすごく長い時間を過ごしたわけではないんです。彼について、知らないこともたくさんあります。彼の生活全てを、知っていたわけではないんです。

日本語が上手で友人の多かったフラビオさん――もう訪れない機会

はじめは、ベンチに座っているのを見て、いつも見ている気がしたから、何か用があるのかと思って、話しかけたんです。日本語がとても上手だったので、日本の方かと思ったんですけど、お名前を聞いてみたら、ブラジルの名前だったので。私たちが話す時は、いつも日本語を使っていました。それぐらい上手だったんです。何か、通訳とかもやっているような話もしていました。仕事というよりは、友だちを助けるような感じだったみたいですけど。

友人は、けっこういたみたいですよ。いろんな人が、ご飯とか寝所にしていたところに差し入れたりして。だから……話し相手がまったくいないとか、孤独とか、そういうことはなかったようにも思うんですけど。なんで……あんなことになったんですかね。本当にわからないんですよ。

いや、私が訊けばよかったのかもしれないですね。正直なところ、こんなことになるとは思っていなかったので、まだまだ時間はあると思っていたんです。これから彼とは、もうしばらくの間は付き合っていけるかなって。お話できる時間はまだまだあるから、そんなに急ぐ必要はないって、そんな風に考えてしまっていたんだと思います。フラビオさんと話す一回一回の時間を、そんなに大切に思っていなかったんですよね。何か思うことがあっても、どうせまた会うんだから、次の機会に訊けばいいかって。その機会が、やってこなかったんです。どうして一瞬一瞬を大事にしてこなかったのか。やっぱり、後悔している部分はありますね。

私自身、フラビオさんとは出会ってほんの三ヵ月くらいだったんです。さっき言いましたけど、ベンチにいるところに声をかけて、それから最初のうちは、ほんとにちょっとした友達付き合いで、週に一、二回立ち話をする感じで。本当に、挨拶程度の会話でしたよ。「昨日何食べた？」とか「朝ごはん食べた？」とか。時々缶コーヒーを買ってきて、それを飲んだりしながらね。それからちょっとずつ、こっちの悩みとかも聞いてもらうようになって、あっちの困ったことも聞いたりして。そうしているうちに、身の上話とかもするようになっていきました。

　別に支援する側とかされる側とか、そういう関係ではありませんでしたよ。本当に友人としておしゃべりをするだけ。ただ、それだけでした。

　さっき、フラビオさんが子供を見ていたと言いましたけど、それは彼から直接聞いたわけではありませんから、本当のところはわかりません。

　でも……やっぱり、子供が遊ぶ姿は、よく見ていたような気がしますね。うん、きっとそうだと思います。もしかしたら、家族のことを重ねていたのかもしれません。

　フラビオさんは、家族——子供もいるって言っていました。もしかしたら、それは本当ではないかもしれませんけど。こちらを心配させないために、そう言っていたのかもしれないですけど。

ブラジルに家族を帰し、日本に一人残る選択

　その家族は、もうブラジルに帰ったんだと言っていました。奥さんと、子供。詳しい年齢は、聞

いていませんけど、子供ももう大きかったんじゃないですかね。

でも彼には、連絡する手段がないんです。家もないわけだから、もちろん携帯なんて持っていない。だからきっと、思い出すしかできなくて、そうして子供たちを見ていたんじゃないかと思うんですよね。

一度私が「ここで路上生活してるくらいなら……そんなに辛い思いするなら、ブラジルに帰ったら？」って言ったことがあるんです。そうしたらフラビオさんは「もう自分は家族の一員じゃないんだ」というふうに言って、「自分が帰ったら迷惑になるだけだ」って。それに「あっちはあっちでもう家族として完成してしまっているし、自分は帰らないんだ」って強い口調で言っていました。奥さんも、子供もいるけれども「帰る選択肢は自分にはないんだ」って。

そもそも……そう、奥さんと子供さん、一時期日本にいたこともあるって言ってました。だけど、今はブラジルに行ってしまって。自分一人が日本に残って、二〇年ぐらいずっと働いて、仕送りだってずっとしてるんだそうです。

それでも、帰る選択肢が持てないんです。

奥さんと子供は、自分のことを父親とも思っていない、なんてことも言っていたかもしれません。だから日本にずっといたい、日本で暮らしたいって言っていました。

でもそれって、とても辛い話じゃないですか？

それを聞いた時に、デカセギとして日本に働きにきて、一生懸命働いて、それをブラジルにいる家族に何年も何年も仕送りをして、ブラジルで立派な家を建てて、子供を学校に行かせて。なのに、なんで彼はこういうことになってしまっているんだろうって、そんな風に思ったんですよね。

その移民と言えばいいのか、移民が、自身の家族との関係を壊すっていう現場を目の当たりにしたような気がしたんです。

日本に来られていて一人で暮らしている方たちには、色々な背景があって、もしかしたら近くに家族がいて、自分は一人で住んでいるけれども、しょっちゅう家族が来るよっていう人もいるとは思うんです。ただ、一人で暮らしていて、母国の方に家族が全員いて、実はあんまり連絡もとれてないんだっていう方が九番団地にも何人かまだいて、そういう人の話を聞くと、またフラビオさんの顔が浮かんできて、このままほったらかしにしていたらいけないな、という気持ちになります。それに、彼自身も、自分と同じような人を出さないように、お前にできることがあるんじゃないのって、言ってくれてるような気もするんですよね。勝手に、ですけど。

……先ほど、フラビオさんが亡くなる二日前にも会ったって話をしましたよね。その時、すごく顔色が悪そうに見えたんですよね。私としては、もう話しはじめてから二年ぐらい経っていたこともあって、他人のような気がしなくて「病院行ったらどう？」って「お金がないなら出すし」って言ったんです。それでもフラビオさんは「いい、いい、大丈夫、大丈夫」って。

そもそもフラビオさんは、亡くなった時は六〇歳だったんですけど、路上生活をずっとしてきて、協会や区役所がサポートの手を差し伸べようとしても「あっ、自分はいいです」って一人で生きてきた方なんですよね。

それでもその時は顔色が本当に悪かったので、「いやいや、今行きましょう。今すぐ行きましょう」ってすごく説得したんです。それでも行こうとしないので、

「そのまま放っておいたら、大きな病気で死んでしまうかもしれないよ。私は、あなたの娘みたいなもんだから、あなたが死んだら、私、すごい悲しいよ」

そんなふうにも言ったんです。でも、フラビオさんはにっこり笑って、

「大丈夫だよ。死なないから大丈夫」

結局それで、その日は別れたんです。次に会ったら、今度こそ病院に連れていこう、と思っていました。

そうしたら二日後に、警察から電話がかかってきたんです。

フラビオさんにもっと訊いてみたかったことがあるか、ですか？

そうですね……フラビオさんができること、何があったのかなって、もっと訊きたかったですよね。

ほら、通訳をやってたってことを聞いたことがあるって話したじゃないですか。もしかしたら、通

訳として何か頼めることもあったかもしれないですし。

何か結局、彼が何をやりたかったのか、何か夢があったのか。そういうことが聞けなかったなぁ、と思ってしまいます。なかなかそういうことまでは訊けなかったので。

もしかしたら、もう少し時間があったら、できたのかもしれませんけど。そこまでは、まだ踏み込めなかったですね。踏み込めないうちに、亡くなってしまった。

「ホームレス」と呼ぶ子供たちとの温度差

もしかしたら、路上生活をしているうちに、気持ちがふさいでいってしまった面もあったのかもしれません。フラビオさん自身は、五年、路上生活をしていたって言ってました。

これも、本人に訊いてみないとわからない部分ではありますけど、そもそも路上生活をすることに決めるって、すごく大きな決断じゃないですか。家を捨てるわけですから。しかも、彼の場合は支援を受けられたかもしれないのに、それを突っぱねてもいた。自分で進んで、そういう生活をしていたんです。そこにはきっと、深い苦しみがあったんじゃないかと思います。

もちろんそれは、簡単に人に話せることじゃないでしょう。私からも、そんな短い期間の関係で、そこまでは訊けませんでした。

でもやっぱり……彼が求めていたことは、もう少し話ができてたらよかったなぁ、と思います。

私なんかは、そういうふうにフラビオさんと話したりしていたので、いろいろと思うところがあるんですけど。正直、フラビオさんの存在をあまり喜ばしいものとして捉えない人もいましたよ。たとえば子供なんかは「ホームレス」「ホームレス」って呼んでいたりして。だから、彼が亡くなった日も、私とフラビオさんの関係をまるで知らない子供なんかは「ホームレス、死んでたね」なんて言いにくるんですよ。

そういうの、なんかすごい悲しくなって。私は、

「ホームレスじゃないし。名前があるし、ホームレスって名前じゃないし」

ってすごく伝えて、

「『死んでたね』じゃないでしょ?」

ともすごく伝えて。とにかく、悲しかったんです。フラビオさんが亡くなった。すごく大事な人の一人が、自分に身近な人の一人が亡くなったのに、周りでは「ホームレスが死んだ」の一言で終わっちゃうんだ。まるで悲しみもしないで、「へー」とか言って終わっちゃうんだ。

そういうのを思った時に、なんだか自分との感情の差というか、温度差のようなものを感じて、とてもショックを受けましたね。

今の日本って、結構冷たい意見もあるんです。デカセギの人たちっていうのは、好きで日本に来たんだろう。だから、自分たちが手を差し伸べる義理なんてないっていうことですね。

けど、今のブラジル人、特に高齢の方っていうのは、二〇年前や三〇年前ぐらいの一九九〇年代に日本に来ている人たちなわけです。そこからずっと働いて、働いて。それってつまり、日本のものづくりや経済にものすごく貢献してきている人たちってことなんですよ。税金もきちんと納めて、一生懸命働いて、このブラジルの方たちの力が、どれだけ日本に恩恵を与えて、どれだけそれが日本経済に反映されてきたか。それを考えると、ほったらかしになんかできないですよね。そもそも、勝手に来たわけじゃないですし。

たしかに働きにきたのは自分の希望かもしれないですけど、日本に来てブラジルのために働いていたわけではありません。日本のものづくり、経済のために一生懸命働いて、しかも日本人がやらないような仕事を率先してやってくれたような人たちなんです。それなのに、高齢者になったりしたら、見捨てるのかって、そんなの無責任じゃないでしょうか。

本当に、頑張ってきた方たちでしょう。フラビオさんだってそうです。二〇年間働いて、働いて、働いて、ずっと頑張って働いてくれた。それなのに日本人から、勝手に来たんだから、勝手に死ねばと言われてしまう。それは、絶対に違うと思います。

どれだけ彼らが、日本のものづくりを支えてきてくれたか。それは忘れちゃいけないと思います。

第5章 困難を乗り越えて

アレッシャンドレ・セルジオ・ダ・シルヴァさん

（五五歳／東海アルマイト工場長）

きっかけは、来日してからの勤め先になった名古屋の東海アルマイトが人手不足で、名古屋市鋳物組合がブラジルまで人を探しにきていたことでした。そこで面接をして、働くことになりました。

日本に来たのは、一九九〇年。日系の妻と娘も一緒でした。私自身の出身はサンパウロで、一九六八年生まれ。ブラジルでは、チョコレートの工場で整備のメンテナンスをしていました。

妻の親戚が日本にデカセギに行って、新しい車や家を買ったのを見て、自分が日本に行こうと言い出したんです。

日本に着くと、名古屋駅まで社長家族が車で迎えにきてくれました。その移動中、私はずっと後部座席から、運転してくれていた社長の指がちゃんと五本あるかを見ていました。

実は、日本はならず者まがいの雇い主が暗躍していると聞かされていたんです。そして、その特徴は「小指がない」ことだと教えら

アレッシャンドレ・
セルジオ・ダ・シルヴァさん

れていました。だから、それをずっと気にしていたんです。社長の指は、ちゃんと五本ありましたよ。

事務所に着いた時には、まず真っ先に電話で母親にそのことを報告しました。

「ママ……。ちゃんと指が五本あったし、良さそうな人だよ。だから大丈夫だよ」

そう話すとともになんだか安心して、思わず泣いてしまいました。

社長夫妻はその姿を見て、まさか指の数を報告しているとは夢にも思わず、「こんな立派なガタイの青年が、泣きながら母親に電話するなんて」と非常に感動して、「この子は立派な子だな」と思ってくれたようです。

この話は、今でもみんなで大笑いする、会社内では有名なエピソードなんですよ。

仕事では率先して力仕事をやりました。レディファーストの気持ちで、パートのおばさんたちの代わりに重い荷物を持ってあげたりしていたんです。私としては当然だと思っていたんですが、おばさんたちはことのほか感謝してくれ、おにぎりや飲み物をくれたり、何かと優しくしてくれました。ちなみに、来日した時は今より二〇キロほどやせていたんです。それにイケメンだったので、女の子にはドえらいモテたんですよ（笑）。今ではお腹が出てしまったので、ブラジル人仲間からは「ＳＵＩＫＡ」なんて愛称で呼ばれていますが。

働きはじめた当初は残業も多くて、朝八時～夜一〇時まで働いていました。

それと、日本に来た最初の頃は日本の弁当の味が甘くて、どうにも合いませんでした。それに、生モノもダメでしたね。ただ、今では刺身が大好きになりましたよ。

他に生活に関しては、家財道具は箸の一本に至るまで、社長が無償で用意してくれました。家を買う時も、名義を貸してくれましたし、他にも手紙や荷物を送る時、郵便局で通訳してもらったり、あとは病院でも助けてもらいました。

日本語自体は、だいたい四年ほどで覚えました。これは、職場のおばさんたちが教えてくれたんです。私が「これナニ」と訊くと、おばさんたちが「これコップよ」「これはティッシュ」「これはワイヤー」といった風にして教わりました。

今では、日系人の妻より、日系でない自分の方が日本語が上手なくらいですよ。

空き巣被害で再来日し、工場長まで上り詰める

働いて三年経った時、お金も貯まってきたので、ブラジルに一時帰国することにしたんです。その時も、社長がお金を貸してくれて、それには本当に感動しました。

ただ、正直に言えば、もう日本には来ないつもりだったんです。ブラジルで家と牧場を購入して、そのままいるつもりでした。

ですが、空き巣に入られてしまい、テレビを盗まれてしまいました。それでなんだかブラジルが嫌になってしまって、恥ずかしさもありましたが、再来日したんです。

以降は、社長さんがいい人なこともあって、三〇年間同じ東海アルマイトで働いています。今では、ついに工場長にまでなることができました。

給料は、現在は四〇万円ほどです。本当は、五〇万円くらい欲しいのですが……。

二〇〇八年にあったリーマンショックで残業はなくなりましたが、クビにはならないですみました。直接雇用の正社員だったので、助かったんです。

その二〇〇八年の頃は、従業員も日本人が三〇人いて、ブラジル人は一二人だったんです。それが、二〇二〇年には日本人が三人で、ブラジル人は八人になっています。

暮らしているのは、九番団地というところですが、もう二〇年間同じ場所にいます。よく同じ団地の仲間を東海アルマイトに紹介したりしましたし、団地が荒れていた時期には、警察に通訳を頼まれたり、指名手配犯の所在を教えたりしたこともあります。

それと、昔は公衆電話で妻と一緒にブラジルに電話していました。寒い時に並ぶのは、辛かったですが。

本当に私は、社長や東海アルマイトに出会えたことは幸運だったと思っています。東海アルマイトは、映画「E.T.」の自転車のアルマイト加工も手がけましたし、ケネディ駐日大使が広島の平和式典で座ったパイプ椅子も作りました。それを、誇りに思っています。

玉田エジソン正利さん

（五〇歳／静岡県磐田市　（株）アイ・ビーカンパニー代表取締役社長）

私は一九七二年、サンパウロの大都会で生まれました。一〇〇％日系の三世で、ルーツは九州にあるそうです。祖父はほとんど日本語しか喋らない、誇り高い人でした。

私自身は当時日系人、という認識で育てられ、父の仕事を小さい頃から手伝っていました。

父のことを誇りに思い、一二歳から車の運転を覚え、魚市場で父と働き、仕入れや配達と、なんでも手伝いました。

その父が、一四歳の時に交通事故で亡くなりました。亡くなる直前、父から、「トシ、俺は悪い父親だな。子供をこんなに働かせて……。今日の配達は俺がやる。勉強してもいいし、遊んできてもいいぞ」

と言われ、深夜の配達を交代したんです。父が事故にあったのは、その直後でした。私は、その時のことを一生忘れません。最愛の父

玉田エジソン正利さん

との、最後の思い出ですから。今でも思い出すと涙がぼろぼろと止まりません。

「フルサトへ行かないか」——祖父の思いを胸に

その後、叔父に「フルサト」の日本に一緒に行かないか、と誘われたんです。その頃は日本よりも欧米に憧れを抱いていたんですが、日本に行くことは八年前（一九八二年）に亡くなった祖父の夢でもあったので、自分が祖父の代わりに日本に行こうと思っていました。それもあって、日本語をしっかり覚え、日本を深く知ろうと思って来日を決意したんです。

一七歳だったのでパスポートも短期間のものしかとれず、満足な旅費もなかった。しかも、叔父が直前になって来日をやめると言い出したので、喧嘩になりました。それだけでなく、周りの人たちにも反対されてしまいました。

ですが、私は来日の決意がゆらぐことはありませんでした。ブラジルから見れば祖父は外国人なのに、そこで成功した祖父の経験をなぞりたいという思いもあったんです。

最終的には、みんなに送別会を開いてもらい、七〇ドルのカンパまでしてもらいました。別れる際、祖母には「このお金は日本での夢をかなえるために使います。おばあちゃんがよく台所で歌っていた『北国の春』を歌えるようになってくるよ」と約束しました。

この時知っていた日本語は「ありがとう」と「ごめんなさい」、そしていくつかの魚の名前と一から十の数字くらいのものでした。

まずはやはり日本語を覚えることだと思い、働いていた工場の中はもちろん、道ですれ違う子供にも、片っぱしから日本語で喋りかけました。きっと「変な外人」と思われていたでしょうね。ただ、その甲斐あって三ヵ月ほどで、ある程度の会話はできるようになりました。

他に、工場では誰よりも友人を作るようにしたので、みんなに助けてもらったり守ってもらえるようになりました。

働き出した当初、一ヵ月の生活費は、七五〇〇円でした。ひどい時には一日をクッキー一つで食いつないでいたこともあり、一気に痩せてしまいました。見かねた社長夫人が、味噌汁を差し入れてくれた時はありがたく思いました。

その仕事とは別に、土日には解体のバイトをして、資金を貯めました。

「クビになれば、路頭に迷って死ぬ」と思っていたので、誰より早く出勤して、仕事にとりかかっていました。その時は日本人班長の「もっとゆっくりでいい」というジェスチャーを「もっと早く！」、休憩を伝える「作業やめ」を「もっと働け！」の意味だと勝手に思い込むほど、ガムシャラに働いていました。

それでも、休む間もなかったブラジルの魚市場と比べたら、休憩時間がある日本は天国のように感じていましたが。

バスに乗る時も、必ず少し歩いてから乗るようにして、節約していました。

そんな中でも楽しみはあって、週に一度、チョコレートとハチミツアセロラ飲料を買ってきて、仲間と回し食いすることなんかが、それですね。

時給は七〇〇円から始まり、辞める時には二〇〇〇円以上になっていました。けれど、安心感はなくて、むしろ他のもっと賃金の安い人や機械に仕事をとられてしまうようになるのではないか、という危機感がありました。自分には学歴もないので、普通の日本人には勝てない。

それならば、自分で商売をやるしかないと思い、食肉の配達を始めました。

他の日系の方の話でも出たと思いますが、私も当然、公衆電話は利用していました。喋れる時間が限られているので、ある時なんかはものすごい早口で、母親にブラジル料理のレシピなんかを教えてもらいました。たぶん、三分ほどだったと思います。

そうした電話で、一つ大きな事件がありました。

クリスマスに、家に電話をした時のことです。私は母に、「日本語も覚えたし、一〇〇万円貯めることもできたから、そろそろ帰るよ」と切り出したんです。

すると母から、「実は、あなたには言ってなかったけど二〇〇万円の借金ができてしまったの」と知らされました。

もちろん衝撃でしたし、もうどうしようもないことでした。

そこで私はブラジルに居る家族の借金を返済しようと、帰国を諦めたんです。もしもこのことがなかったら、今、日本にはいなかったでしょうね。

これは一九九二年のことですが、祖母が六〇年ぶりに、日本に里帰りしたことがあったんです。そこで、自分の孫が「ガイジン」と言われていることにショックを受けていました。それに、電気屋に行って「写真機」ではなく、「カメラ」になっていたことにも驚いていました。

結局、祖母は最後に、

「私は昔の日本がいい。昔の日本はブラジルにある」

と言って帰国しました。

移民国であるブラジルは祖国を大事にする特徴があります。だからこそブラジルは、まとまらない国ではありますが、個性が豊かです。私は自分のことを日本人以上に日本人で、ブラジル人以上にブラジル人だと思っています。

ただ、移民にはふるさとがない。だからこそ、成功するしかないんです。

私が日本に来て、日本の若者たちを見た時に感じたのが、ブラジルの若者と日本の若者を比べた時、将来に対する夢の内容が大きく違っていると思いました。たとえば、日本には「あの会社に入りたい」という若者はいても「あの会社みたいな大きな会社を興したい」とか「新しいこんな商品を開発したい」という若者はほとんどいません。そこは大きな差だと、私は考えています。

その後も日本で商売をしていく中で様々な問題や、ハプニングがあり、大きな失敗も経験しました。現在の売上高はグループ全体で六〇億円以上になります。

しかし、現状に満足はなく、私の今後の目標は、この会社を世界企業にすることであり、今はまだその道の途中です。

ロベルト・マルティンスさん（六一歳）

一九九〇年の一二月に私は日本に到着しました。二八歳の時です。もし日本に来た理由を訊かれたら、私は愛のために海を渡ったと答えます。

というのも、一九九〇年の五月、まずは妻のマルリが、学費を稼ぐため来日を決めました。彼女が一年後に戻る、と約束してくれたので、私たちはその時に結婚することにしたんです。同じ年、私は

右:ロベルト・マルティンスさん
左:妻のマルリさん

自分の夢であった修理工場を開業しました。

しかし残念なことに、新政府の政策によって私の事業は困難になりました。一方、マルリも渡航費などの返済が終わらず、一年後にブラジルに戻ることは難しくなっていました。

そこで、私たちは日本で一緒に生活をすることにしたのです。私はブラジルで全てを売り払い、観光客として日本に来ました。そして、一九九一年の一月二五日に、私たちは結婚しました。

私たちは、二年後にブラジルに戻ると決めていました。実際に一九九三年には家を購入するために一時的にブラジルに戻ったのですが、お金を貯めるためにもう少し日本に滞在することにしたんです。私の目標は、あくまで修理工場を再建することでした。

ですが、日本に戻ってきた時、まるで自分の家に戻ってきたような気持ちになったんです。私たちのアパートはここにあり、家具やその他のものもありました。

それから私はガム工場や陶器工場で働き、空いた時間にはブラジル人向けのレンタルビデオ店で働きました。そこでは多くの人々との出会いもありました。

当時は、高級なものが捨てられたゴミ捨て場がたくさんありました。なので、私は特に良い状態の家電製品を求めて、それらのゴミ捨て場を回っていました。修理工場をやっていたこともあって、自分で修理もして、同胞を見つけた時にはテレビなんかをプレゼントすることもありました。その時できた友人との交流は今も続いています。

ただ、冷蔵庫だけはちょっと……。一度、冷蔵庫を持って帰って、汗だくになりながら二階まで運んだのですが、電源を入れても動かず、結局もう一度運び出さなければならなくなったんです。だから、冷蔵庫だけはもう二度と持ち帰ろうとは思いません（笑）。

妻のため、同胞のため、打ち込んだ料理を仕事に

日本にいると、ブラジル料理がとても恋しくなりました。最初は日本食に慣れることができず、しばらくは缶詰のツナとご飯を食べるだけだったんです。このままでは、自分だけでなく、何より妻のためによくない。そこで私は、料理に打ち込むことにしたんです。最初は、自分や妻のため。やがては、家族や友人のためにも料理をするようになっていきました。

ある日、フェジョアーダ（黒豆と豚肉、牛肉、ソーセージなどを煮込んだブラジル料理）がとても食べたくなったのですが、材料を見つけるのは難しかったです。市場で豚の足を見つけ、それから日本のソーセージをいくつか買いました。そして黒い豆の代わりに小豆を使うというアイデアが浮かび、それが私の日本での初めてのフェジョアーダになったんです。

正確な味は覚えていませんが、久しぶりにフェジョアーダを食べた、と素晴らしい感覚になったのを覚えています。

もう一つ、私が寂しく感じたのは、年末のブラジルでの家族の集まりについてです。私もできる限り電話ボックスに行っていたのですが、いつも多くのブラジル人が、家族に電話をかけるため、順

番を待っていました。

　そして、クリスマスなんかに電話をかけて、家族が集まっているのがわかると、自分がそこにいないという事実に、心が痛みました。ですが私にとって家族の存在は、目標に向かう力を与えてくれるものでもありました。

　一九九五年にブラジルに帰国した時は、ちょうど娘が生まれた時期で、さらに料理に夢中になっていたことから、日本でレストランを開くことを決めました。一九九七年に日本に戻り、一九九九年、娘のイザベラとすべての母親たちに敬意を表して「Bella e Mama」というレストランをオープンしました。

　それから、二〇〇二年にはブラジル製品を販売し、ブラジル人のニーズに応える岐阜県で最初のスーパーマーケットを開店しました。もちろん、その間もブラジルと日本の料理を研究し続けていました。

　二〇〇八年には、ブラジルへの日本移民一〇〇周年記念の際に、両国を代表する料理を創るという使命を与えられました。いろいろと考える中で、一つ思いついたものがありました。私の店では、密閉したバーベキューグリルで柔らかくなるまで八時間もの間、調理

ブラジルへの日本移民100周年記念で創った料理
「BRADON（ブラドン＝ブラジリアン丼ぶり）」

した牛の肋骨を提供しているのですが、それをほぐし、ブラジルのバーベキューの味を強く思い起こさせるようなものにしたんです。さらにそれをご飯の上に盛り、最後にビネグレットソースをかけました。これは、日本の形式でブラジルのバーベキューを楽しむ方法です。

私はブラジル人にも、日本人にも絶賛されたこの料理を「BRADON（ブラドン＝ブラジリアン丼ぶり）」と名付け、現在も私たちのレストランで提供しています。

廣田道生さん（五八歳）

両親は熊本の出身で、一九五五年頃、ほぼ最後の移民船でブラジルへと来たそうです。コーヒー農園からスタートして、港町サントスを経てサンパウロに移り、クリーニング屋を経営しています。そんな両親のもとで私は一九六五年の七月二六日に生まれました。生まれたのは、サンパウロですね。八人兄弟の、六番目にあたります。

実は私を含め、八人兄弟の下三人は、二重国籍なんです。パスポートを二つ持っているんですよ。それというのも、ブラジル生まれであっても、三ヵ月以内に日本領事館に申請したら、日本国籍がもらえるんです。ただ、父は最初それを知らなかったんです。だから、上の五人はブラジル国籍しかありません。

両親とは、家では日本語で喋っていました。そのおかげで、やさしい日本語ならある程度理解できたのですが、父も母も熊本弁が強かったので、自分もかなり訛っていましたね。それから、両親はよく故郷である熊本の話と、戦争体験の話をしてくれました。そうした環境にはありましたけど、私は自分のことはブラジル人だと思っていました。

サンパウロでは、発電所の設備をつくる会社に勤めていました。月給は一〇〇〇ドルで、けっこう良かった方ですね。ただ、それと同時に大学の土木科（夜間）に通っていました。エンジニアになるのを目指していたんです。やはり、給料がいいですから、憧れの職業です。

けれどある時、日本に里帰りをしてきた父親から日本の良い話を聞いたんです。日本がハイテクなこととか、自動販売機のこととか、花見のこととか、そんな話です。それらを聞いているうちに、日本

廣田道生さん

に行きたい気持ちが、湧いてきました。とても、夢があるように思えたんです。

そして、休学できる二年間のリミットで、一九歳の弟と一緒に来日することにしたんです。私自身は、二二歳。一九八八年のことでした。

空港に着くと、ゲートに自分の名前を書いたカードを持った人が迎えにきてくれていました。それから車で移動したんですが、途中のパーキングエリアで車が整然と並んで駐車しているのを見た時は、驚いて、お国柄だな、と感じました。それから、白くてきれいな車が多いな、と思いました。

日本での仕事を紹介してくれたのは、ブラジルに来ていた日本人のブローカーでした。設計の仕事を希望していることを伝えたら、就業先のパンフレットを見せてくれて。そこには、図面を引いている写真があったので大丈夫だと思ったんですが、実際にはそんな仕事はありませんでした。

やることになったのは、車の部品を作る仕事でした。ＮＣ旋盤のスイッチを押すだけの簡単な仕事だったのはいいんですが、残業がないことが不満でした。やはり目的は、お金を稼ぐことだったので。

時給も一〇〇〇円だったので、チケット代のような借金を返すことぐらいしかできなかったんです。派遣会社に相談したこともありますが、何もしてくれませんでした。しかたないので、自分たちで就業先の人に相談して面接にも行ったら、豊橋にある親会社を紹介してくれたんです。でも正直「トヨハシってどこ？」って感じでしたね。

サッカー社会人チームで優勝し、リーマンショックをきっかけに独立へ

日本に来てから、楽しいこともいろいろありましたよ。たとえば、来日してすぐの頃に車を買ったんですよ。もちろん、中古ですけどね。それでも、日本で運転できるなんて、夢のようでした。他には、カップラーメンが珍しくておいしかったので、そればっかり食べていたこともありましたね。

それから、郵便局の人が、カタコトの自分に、ものすごく丁寧に対応してくれたのは、嬉しかったし、驚きました。ブラジルでは、まずありえないことですから。

郵便局といえば、私はブラジルに電話は月に二回ほどしかしなかったのですが、手紙は毎日のようにいろんな人に書いていたんです。だから、家に帰ってポストを見たら、誰かしらから手紙が来ていて、嬉しかったですね。よく写真が同封されていて、励まされました。

カルチャーショック的なことでいえば、先ほども言ったように、私の家では両親の熊本弁が強かったので、私自身けっこう訛っていたんです。ただ、私のいた職場には津軽からの出稼ぎの人が多くて、ええ、それこそ何を言っているのかまったくわかりませんでしたね。

あと、初めて茶碗蒸しを出された時は、プリンだと思って、デザートだからと最後に残しておいたんです。ところが、食べてみたら少しも甘くないので、がっかりしてしまいました。

少し話を戻すと、私が豊橋に移ったのは、来日して三ヵ月目のことでした。その頃は少し寂しさも出てきていて、友人が欲しくて、サッカーチーム「ＮＡＮＢＥＩ　ＮＩＫＫＥＩ」を作ったんです。すると社会人リーグの一部で優勝して、東三河の代表になりました。ＮＨＫにも取材されて、チームは今も存続しています。

実は、私は横浜Ｆ・マリノスの前身の日産自動車サッカー部のテストを受けたことがあるんです。合格して、一〇〇人のうちの二〇人に選ばれるところまではいったのですが、工場の給料の方がいいので、あきらめたんです。

もともとそれぐらいサッカーには思い入れがあったんです。さらにサッカーを通じて、日本の友人も増えたし、日本語も格段に上達したので、本当によかったと思っています。

一九九一年には、日本で知り合った日系ブラジル人の女性と結婚して、子供を四人授かりました。結婚式は、会社の寮の駐車場でやりました。みんながケーキやご馳走を持ち寄ってくれて、ＢＢＱも

サッカーチーム「NANBEI NIKKEI」を作り社会人リーグで優勝した

したんですよ。あれは楽しかった。

その翌年の一九九二年には、私の一〇人の家族全員が日本にいたんです。ばらばらに住んではいたんですが、週末などには自然と集まりましたね。そういうところは、日本的ではないかもしれません。日本の方は、何か「会」を設けないと、なかなか集まらないでしょう？

日本語が上達していたこともあって、一九九五年頃から派遣会社で働き始めたんです。そして、二〇〇八年のリーマンショックをきっかけに独立しました。だから、私の肩書きは一応、社長なんですよ。

自分の会社で派遣している日系ブラジル人、ペルー人及びフィリピン人は約二〇〇人いますが、永住ビザを持っているのは半分以下で、多くは定住ビザです。だから、一年ごとに更新しています。あと、二〇年も日本にいるのに、日本語を喋れないブラジル人が面接に来ることがあります。それだけいれば自然に身につくだろうと思われるかもしれませんが、稼ぎに来ている外国人は、本当に仕事と家との往復しかしません。覚えようという意識がないと、身につくことはないんです。

日系人の中には、永住許可申請や日本に帰化する人もいますが、そういう人たちは、日本が好きで、利便性を求めている場合に多いですね。ブラジル人だとクレジットカードを作るのも大変ですから。

日本の方が住みやすい、という方は多くいますが、やはり合う合わないはあると思います。私たちの兄弟は八人全員がデカセギに来ましたが、今も残っているのは自分を含めて二人だけですから。

現在六人の子供と四人の孫たちがいます。全員が日本で教育を受け、長男と長女は大学卒業、次女は商業高校卒業、次男は大学一年生、三男は小学四年生、末っ子が保育園に通っています。二世代からは日本の社会に溶け込まれてしまうことになるでしょう。このように私たち日系人は親の逆戻りをするように新しい歴史を作っています。きっと「ワタシたちはガイジンじゃない！」を言わなくてもすむようになるでしょう。

佐藤エリザ由佳さん（五五歳）

豊橋で出会った本屋のオーナーさんが、バスや電車の乗り方、おにぎりや卵焼きの作り方、日本語の勉強では漢字辞典を引いて読み方を勉強する方法を教えてくれました。また、カラオケで日本語の歌を歌って日本語を覚えました。教えてもらったことはとても役に立っています。

さて、先ほどは仲間たちとした「夜逃げ」の話をしましたが、それから私は、静岡県の湖西市にある自動車部品工場で再就職しました。

そこには、私のことを自分の娘のように可愛がってくれるパートのおばさんがいて、その方から日本語を教わりました。それから、浴衣の着付けも習いました。

その自動車部品工場には三年いて、それから蒲郡のふとん工場に一〇年勤めました。さらに小学校での通訳を経て、小牧市の国際交流協会で通訳を八年ほどしました。そして、岐阜で在住外国人の相談員などをして、今は不動産会社の営業職で、ブラジル人のお客を相手に物件を紹介しています。

良い人に巡り会えた幸運——ふとん工場勤務から通訳者へ

通訳をやるようになったのは、ふとん工場にいた頃でした。途中からそれを任されるようになり、ブラジル人を病院に連れていったり、ビザ申請のお手伝いをしたりと、世話役のようなことをするようになったんです。

国際交流協会では上司に恵まれ、働きながら難しい日本語を教わりました。おかげで、日本語能力試験で、最高難度であるＮ１の資格を取得できたんです。

ブラジルに帰ろうという気は、いつからかほとんど起きなくなっていました。きっかけは、仲の良い知り合いがブラジルに帰国した時です。しばらくして、その子がマフィアの抗争の流れ弾に当たって死んだことを知らされました。その時、治安のいい日本で暮らそうという思いを強くしたんです。

それから、日本で子供を四人授かり、いよいよブラジルには帰れなくなりました。出産の時、赤ちゃんの通り道を広げるために切開することになったのですが、麻酔をかけないというので、信じられない思いになりました。「我慢の国」なんだと思いましたね。

日本で成功した秘訣、のようなことを話せればいいのかもしれませんが、そういったことは特にないんですよ。あえて言うなら、私は運が良かったんだと思います。湖西の自動車工場にいたパートのおばさんや国際交流協会での上司など、人生の節目節目に、良い人たちに巡り会えたんです。それが本当に、幸運だったと思いますね。

日本語を喋れて、日本を愛していた姉は、ブラジルに帰ることになりました。今もブラジルで元気に暮らしていますが、もう日本語は忘れてしまったそうです。

逆に、日本に来た時はまったく喋れず、そもそも日本への憧れもなかった自分が、三〇年経った今も日本で暮らしていて、ブラジル人に日本での生活の相談を受けるようになったんです。そうした巡り合わせは、本当に不思議だと思います。

船橋辰也ニルトンさん（五三歳）

来日して半年が経った頃、夜にいいとこと「ゴミショッピング」をしていたんです。あ、ゴミ捨て場から使えそうな家電を拾ってくることですね。

そうしたら、いかにも恐そうな真っ黒な車が目の前に停車したんです。それでパワーウインドウが開いたと思うと、中から男が「ガイジンさん？」と声をかけてきたんです。

おそらく最初から引き抜きが目的だったのでしょう。「仕事あるよ」と持ちかけられ「見る？」と誘ってきたので、いとこと「何かあったら、殴って逃げよう」と話し合って、車で連れていってもらいました。

連れていかれたのは宿舎だったのですが、そこはまさに夢にまで見たような2DKの八人部屋で、二段ベッドが四つに冷蔵庫、ガスコンロ、風呂、トイレ、テレビもある部屋でした。

後日、職場も案内してもらうと、一〇〇〇人規模の巨大な工場で、これまた夢にまで見たような理想的な職場だったので、転職を決意したんです。ただ、時給は一二五〇円と変わりませんでしたけど。

それで、大家に仕事を辞めると伝えたんですが、ブチ切れられました。机をバーン、と殴ると、

「おまえこれ何かわかるか？」と当時まだ珍しかったテレビ電話を指さし、

「これは伊勢崎市でまだ二台しかないテレビ電話だ！　おれと、おれの親戚の所にしかない！」

と、怒鳴りました。ようは、自分はすごい男だから怒らせたらただじゃすまないと言いたかったんでしょう。さらに、

「契約書にサインしたろ？　勝手に辞めたら罰金だ」

と言い出しました。その額は、何十万円という額でした。

当然、払えないと言うと「お前の保証人に連絡する」と、茨城の親戚に電話をしました。面倒なことになったと困っていたのですが、一分も経たぬうちに大人しくなって電話を切ったんです。私が「あれ？」と思っていると「辞めていいぞ。金もいらないから」と、急に真逆のことを言ったんです。

後日、その親戚にお礼を言いにいった時にわかったんですが、親戚はキャバレーやスナック、寿司屋などを手広く経営する、町の顔役だったんです。

そうして、新しい職場で働くことになったんです。今度の職場は、ＨＯＮＤＡの発電機を作る会社でした。日系人は一〇〇人以上働いていましたね。

一日のスケジュールは、こんな感じでした。

五時～七時　寄宿舎のサウナやカラオケルームを掃除。

七時～八時　朝食　送迎車を運転して、仲間と共に出勤。

八時～一七時　勤務。

一七時～二一時　残業。

正直、当時の私は三人分は働いていたと思います。それこそ、母に教わった「次、何をしますか？」を実践していました。あまりによく働いたので、疲れて眠い時は、医務室での仮眠を許されたほどです。

他にも、誰もラジオ体操を真面目にやらない中、一人だけ一生懸命やっていたら、ライン長に抜擢されて月給が五〇〇〇円アップしたんです。みんなの前で模範の体操をやるようにもなりました。また、「ゼロ災で行こう！」の例の掛け声も、八百屋で鍛えた声量が評価されて、お手本をやるようになりました。

それから、日本の流行歌のCDを何百枚と借りて、全部ローマ字におこして日本語を覚えました。「乾杯」ならkatai kizuna niといった具合ですね。それでローマ字の歌詞カードを作って、仲間のブラジル人にも配りました。いつしか広く出回るようになって、数年後、初対面のブラジル人とカラオケに行った時、それを持っていたので驚いたことがあります。

父と妹と親戚が日本に働きにきたので、一緒に群馬県の大泉町に住むことになり、その後は、一六〇〇円と時給のいい鋳造工場に勤めたこともあります。溶けた鉄を扱う、危険な作業でしたね。その後、大泉の電機会社で、一日に一万台のクーラーを作っている工場に勤めました。あとは、山梨の工場や長野で屋根のペンキ塗り、ブラジル料理のレストラン経営などを経て、今の長野県飯田市の人材管理の仕事を自営業として行っています。

飯田市では国際交流推進協会にも関わって、通訳のボランティアも兼任しています。

日系人としての誇りを持って、意識改革を進める

飯田市には、現在三五〇〇人の日系ブラジル人が暮らしています。二〇〇〇年には一六〇〇〇人の日系人が住んでいました。もちろん子供世代もいて、中学校や高校なんかでは、生徒会長になる子もいます。彼らは親の苦労を見ているので、強いですね。

だからこそ、日本生まれの子供には日本国籍を与えるべきだと思います。進学が不利だし、公務員にもなれませんから。

一度子供の保育園の運動会に行った時、日系ブラジル人に「外人」という札で席が用意されていたので、抗議しました。飯田市は、かつて多くの日本人を満州やブラジルに送り出した土地です。なのに、いまだに偏見があったことは、残念でした。

それから、今も近所のゴミ捨て場で分別がされていないとブラジル人のせいにされます。そんな時は「このお茶、ブラジル人は飲まないよ」なんて説明をしますけど。

飯田市役所にゴミ分別のパンフレットを作成してくれるように頼んだことがあります。日本でのゴミの分別について、理解できている人が少なかったからです。それができてから、私はすぐに日系人の人に配りました。理解できれば、問題は起きません。配り終えてからは、問題が起きなくなりました。

日本国籍をとっても、ブラジルの国籍は消滅しません。ですが、私自身は帰化しようと深く考えたことはありません。

読み書きのできない日本人であるより、日本語を話せるブラジル人の方がカッコいいですし、頭を下げてまで国籍をもらうのは嫌ですから。誰かが自分を日本人だと決めるなんて、変な話ですよ。日系人は、日本人が変わってしまった「昭和」を知らない日本人です。日本人でなく、日系人であること、一〇〇年前の日本の良さを残していることに、私は誇りを持っています。

日本人は「日本語を覚えないブラジル人」に冷たいですが、ブラジルでも一世の日本人はポルトガル語を喋らないし、覚えようともしないですよね。話せる一世は、三割もいないでしょう。別に怠け者だとか、日本に関心がないから覚えないとかではなく、家族や友人が喋れるから、無理に覚える必要がないんです。人間って、そういうものでしょう。そこは、理解してもらいたいですね。

日本に来たブラジル人は、日本でまずブラジル人学校を建て、次に教会、さらに商店を開きました。それは、日系移民のブラジルでの歴史とまったく同じです。歴史は繰り返す、と言いますが、それではこの先は、どうなるのでしょうか。我々はそうしたことも、考えないといけないのかもしれません。

おわりに

二〇一九年、夏の暑い日。ＮＨＫ名古屋放送局では、健康診断の際、レントゲン設備がないため、ビルの前に駐車したレントゲン車に並んで順番に呼ばれる、そんな行列に並んでいた時のことでした。わたしの後ろに並んでいた川上剛ディレクターから突然、話しかけられたのです。

「板垣さん（筆者）って、外国人の取材記も出しているし、報道していますよね？　今度、ドラマやりたいんですけど、何かアイデアありません？」

川上ディレクターのこのひと言から始まりました。ちょうど日系ブラジル人来日三〇年というタイミングも重なり、名古屋放送局として節目の特別番組を作れないか、報道番組でチームを立ち上げ、動き出しました。どんな番組ができるのか妄想を重ねたある日、チームの若いディレクターたちと「せっかくだから三〇年の日々を感じられるドラマとか作れないですかね？」などと夢のような構想を膨らませ、ある夜、ドラマ部の川上ディレクターのアドバイスも聞いてみたいね、と居酒屋に呼び出しました。もちろん一緒に何かやりたいという下心もあって呼び出したのです。

その夜は、ああでもない、こうでもないと熱い議論を交わした末に川上ディレクターの口から飛び出したアイデアが「ドキュメンタリーと一人芝居を一つの番組で演出する」というもので、そこからとんでもない挑戦が始まったのです。

ヒューマンドキュメンタリーやクローズアップ現代などで日系ブラジル人の労働者が高齢化し、孤独死が起きているという問題を取材していた植村優香ディレクター。孤独死した人たちを遡り、どんな三〇年を生きてきたのか取材に走りました。永山祐太郎ディレクターは、来日した日系ブラジル人の子供たちの人生にも思いを寄せ、彼らの目に映る「ニッポン」とはどういうものだったのか、迫りました。そして川上ディレクターは、その三〇年をどう生きたのか、より多くの日系ブラジル人のリアリティある人生の中から、芝居の脚本を作れないか、奔走しはじめていました。

「脚本は、宮藤官九郎さんに、一人芝居は、イッセー尾形さんにお願いしたい」

　川上ディレクターの当初からの構想は、貫かれ、実現することになりました。

　ある夜、携帯に突然、電話がかかってきた時の興奮した声――。

「板垣さん！　宮藤さん、受けてくれました」

「えええええ、本当？　すごいことになったね」

　にわかに信じられず、ほっぺをつねるのはこういう時かな、と電話を手にしばらくぼーっとしていたあの夜のことも忘れられません。

　そしてイッセー尾形さんとの脚本の読み合わせの席での異次元の体験。報道の現場では味わえないものでした。打ち合わせの席であふれ出る芝居のイメージ。創造力の波が洪水のように押し寄せてくる、幸せな時間でした。

　そして、芝居の当日。

日系ブラジル人が実際に孤独死した公園のベンチを舞台にして、始まりました。

　ある日系ブラジル人、ロベルト青年が来日してから様々な仕事を渡り歩き、時につまずきながらもリーマンショックも乗り越え、生きてきた三〇年。日系ブラジル人の人たちを観客に招き、同時通訳も入れて行った舞台をどう見るのか、わたしたちスタッフにもわかりませんでした。

始まってみると、観客席と舞台が一体となっていきました。イッセー尾形さん演じるロベルト青年に笑いが起こり、涙もあり、拍手喝采もあり。観客席と舞台との一体感こそが一つのドキュメンタリーのワンシーンだったのです。

この壮大な舞台を作り上げるために集まったプロジェクトのメンバーは当日、五〇人を超えていました。カメラマンや技術スタッフ、音声、音響効果、デザイナーなど数多くの人たちが心を一つにして作り上げたワンシーン。テレビにも、まだやれることがあると強く思えた瞬間でもありました。この番組に関わってくれた全ての人、そして番組の軌跡を本に残すことを決めてくれた編集者、ライターの皆さんに心から御礼申し上げます。本当にありがとうございました。

最後になりますが、川上ディレクターのことをそばで支えてくれたドラマの三鬼プロデューサーは、ドラマなどの経験がない報道のメンバーと組むこととなり、面倒な手続きの一切をしてくれました。番組が放送になった後、病に伏し、そのままお亡くなりになりました。三鬼さんがいなくては、放送を迎えることはかないませんでした。この本は、天国にいる三鬼さんにも捧げたいと思います。三鬼さん、本当にありがとうございました。

外国籍の人たちは、国籍が違うだけで同じ人間です。
生まれてくれてありがとう。
どの国に生まれても、どんな境遇で生まれてもこの言葉を届けられる社会であってほしいと願っています。

二〇二三年八月吉日

ＮＨＫ報道番組プロデューサー　板垣淑子

宮《く》藤《どう》官《かん》九《く》郎《ろう》

1970年生まれ、宮城県出身。1991年より大人計画に参加。2001年に映画『GO』で第25回日本アカデミー賞最優秀脚本賞他多数の脚本賞を受賞。以降も、舞台『鈍獣』で第49回岸田國士戯曲賞、ドラマ『ゆとりですがなにか』で第67回芸術選奨文部科学大臣賞、映画監督デビュー作『真夜中の弥次さん喜多さん』で新藤兼人賞金賞、ドラマ『いだてん～東京オリムピック噺～』で第12回伊丹十三賞などを受賞。近年の脚本担当作品に、ドラマ『俺の家の話』、『いちげき』、『離婚しようよ』(大石静共同脚本)、『季節のない街』(企画／監督も)、映画『1秒先の彼』などがある。また、俳優としてもドラマ『すべて忘れてしまうから』、映画『イチケイのカラス』、『こんにちは、母さん』に出演するなど、幅広く活動する。

イッセー尾形《おがた》

1952年に福岡県に生まれる。「一人芝居」の第一人者として独自のスタイルを1980年代に確立。1990年代には海外からも招致され、ニューヨーク、ベルリン、ミュンヘン他、数多くの都市で上演を果たす。夏目漱石の作品を題材にした『妄ソーセキ劇場』を公演。さらに映画、ドラマにも多数出演。硬軟織り交ぜた多彩な演技で観る者を魅了。2017年に出演したマーティン・スコセッシ監督の映画『沈黙―サイレンス―』ではその演技が高く評価され、第42回ロサンゼルス映画批評家協会賞 助演男優賞の次点に選ばれる。

2021年にはアルチュール・アラリ監督の映画『ONODA 一万夜を越えて』に出演。現在も現代人の日常を演じ続けている。

安《あん》藤《どう》玉《たま》恵《え》

東京都出身。大学在学中に演劇を始める。

主な出演作品はドラマ「あまちゃん」「阿佐ヶ谷姉妹ののほほんふたり暮らし」「らんまん」、テレビ&映画「深夜食堂」シリーズ、映画「恋人たち」「夢売るふたり」、舞台「命、ギガ長ス」「阿修羅のごとく」など。ナレーション作品は「100分 de フェミニズム」、「こころの時代～宗教・人生～」など。

「ワタシたちはガイジンじゃない！」

スタッフリスト

作	宮藤官九郎
出演	イッセー尾形／安藤玉恵
資料提供	赤嶺智也／アンジェロ・イシ／ 日伯協会／JICA横浜 海外移住資料館／ 広島市文化振興課／沖縄県公文書館
扉写真撮影	ジュニオール・マエダ
美術	塚崎安奈
CG	岩越竜也／竹田愛
表紙・ポスターデザイン	神谷直広／藤井沙耶花
表紙・ポスター撮影	尾崎芳弘
美術進行	大河内義宏
装飾	竹村幸二
衣裳監修	宮本茉莉
衣裳アシスタント	柴田真帆
メイク	植田花子
技術	川崎智弘
撮影	森純一／堀成吉／濱田信之／萩原誠／廣瀬尚志
音声	芝辻史生／浅井英人／寺井政智／矢神彰人／石黒仁夫
照明	岩下研一
映像技術	寺島朗／小林明美
音響効果	最上淳／上温湯大史
編集	岡崎正亮／樋口俊明
通訳	井部恵／オジエル
リサーチ	バエッサ・ルーカス・ヤマカワ・カズオ
広報	濱崎元英／坂本竜馬／井元麻記子
事業	加藤元章／磯部匠／岡本知子／安達生武／海老沢真
制作統括	板垣淑子／石田望／三鬼一希
プロデューサー	水谷宣道／小田原聡太郎
AP	有川奈々絵／内田実希子
舞台監督	高橋大
撮影応援	瀧口大介／美濃里亜／坪井智哉／安藤大佑／渡辺直樹
ディレクター	植村優香／永山祐太郎
演出	川上剛

編著者
NHK「ワタシたちはガイジンじゃない!」取材班
日本に「デカセギ」に来ていた、ある日系ブラジル人の男性が、公園のベンチで孤独死した事件をきっかけに取材を開始。150人以上の日系ブラジル人から聞き集めた日本での「笑って・泣けて・考えさせられる」30年の体験談を基に宮藤官九郎氏が脚本を執筆。イッセー尾形氏が日系ブラジル人の観客を前に一人芝居で演じた番組、「ワタシたちはガイジンじゃない!」。2021年2月11日に放送し、放送人グランプリ2021優秀賞を受賞した。

Staff
企画・編集　オフィスふたつぎ
執筆・校正　オフィスふたつぎ
（新木悠吾、宮原拓也、庄康太郎）
デザイン・DTP　WHITELINE GRAPHICS CO.
写真　ジュニオール・マエダ
（各章扉〔p69、91、125、141、157〕、p135、p140）

「ワタシたちはガイジンじゃない!」
日系ブラジル人「笑い」と「涙」30年の物語

2023年8月28日　初版第1刷発行

編著者 ……………… NHK「ワタシたちはガイジンじゃない!」取材班
発行者 ……………… 伊藤良則
発行所 ……………… 株式会社 春陽堂書店
〒104-0061
東京都中央区銀座3-10-9　KEC銀座ビル
TEL：03-6264-0855（代）
https://www.shunyodo.co.jp

印刷・製本 ………… ラン印刷社

本書へのご感想は、contact@shunyodo.co.jp

ISBN978-4-394-19026-4　C0036